体育学术研究文丛

运动技能和体能组合练习
对儿童青少年身心健康的影响研究

陈福亮　著

北京体育大学出版社

策划编辑 赵海宁
责任编辑 赵海宁
责任校对 韩培付
版式设计 李沙沙

图书在版编目（CIP）数据

运动技能和体能组合练习对儿童青少年身心健康的影响研究/陈福亮著 . --北京：北京体育大学出版社，2024.1

ISBN 978-7-5644-3919-4

Ⅰ.①运… Ⅱ.①陈… Ⅲ.①运动训练–影响–少年儿童–身心健康–健康教育–研究 Ⅳ.①G444

中国国家版本馆 CIP 数据核字（2023）第 207518 号

运动技能和体能组合练习对儿童青少年身心健康的影响研究
YUNDONG JINENG HE TINENG ZUHE LIANXI DUI ERTONG QINGSHAONIAN
SHENXIN JIANKANG DE YINGXIANG YANJIU

陈福亮　著

出版发行：北京体育大学出版社
地　　址：北京市海淀区农大南路 1 号院 2 号楼 2 层办公 B-212
邮　　编：100084
网　　址：http：//cbs.bsu.edu.cn
发 行 部：010-62989320
邮 购 部：北京体育大学出版社读者服务部 010-62989432
印　　刷：三河市龙大印装有限公司
开　　本：710mm×1000mm　1/16
成品尺寸：170mm×240mm
印　　张：11
字　　数：184 千字
版　　次：2024 年 1 月第 1 版
印　　次：2024 年 1 月第 1 次印刷
定　　价：70.00 元

自　序

　　儿童青少年体质下滑是全球各国正在面临的重大公共问题。当前，运用什么方法、采取什么措施使儿童青少年的体质得到增强，身心更加健康是学校体育教育的重要任务之一。儿童青少年在校时间长，接受国家法定的体育与健康课程教育，学校体育教育理应探寻出更多有效的方法和措施去促进儿童青少年身心健康。然而，许多体育教学并未达到所期望的效果，主要问题在于课堂的运动质量不高，儿童青少年参与身体练习的时间不足，课堂运动负荷没有达到促进身心健康的有效阈值，体育教学质量仍有待提高。

　　本研究在文献综述的基础上，发现运动技能练习有助于促进儿童青少年身心健康，体能练习也可以促进儿童青少年身心健康，还能够提高体育课运动负荷，因此，在体育教学中尝试进行运动技能和体能组合练习，研究什么样的组合练习方式有助于促进儿童青少年身心健康，将具有重要的理论与实践意义。通过三项相互间具有递进性、逻辑性的教学干预实验，本研究发现运用新课程教学法指导的 20 min 运动技能和 10 min 体能组合练习能够较好地提高儿童青少年体质健康水平。这项研究对于体育教学改革具有启示价值，运动技能和体能组合练习方式将会成为我国体育课堂教学的常见形态。令人欣喜的是，国内许多学校的教师已经开始尝试这种新型的教学方式。

　　本书的出版离不开老师的指导和朋友的帮助。感谢我的导师季浏教授对本研究框架、研究方法、研究内容等方面的指导，导师国际化的视野、缜密的学术思维、严谨的治学态度和常年如一日的辛勤工作是我永远学习的榜样。我有幸见证导师构建"中国健康体育课程模式"的过程，并参与到课程模式实施效果的研究之中，使自己的学业能力有了进步。师恩深重，自己唯有不断努力向前，才会不负恩师的栽培。因本人学术水平仍有待提高，书中难免会有偏颇之处，望读者朋友们不吝赐教，谨致谢忱。

2020 年 9 月于南京仙林茶苑

目 录 Contents

1 绪 论

1.1 问题的提出

广大儿童青少年身心健康、体魄强健、意志坚强、充满活力，是中华民族旺盛生命力的体现，是我国人口素质提升的重要标志。然而，当下我国儿童青少年正面临不容忽视的身心健康问题。自 20 世纪 80 年代开始，伴随着我国社会经济的快速发展，国民生活方式发生了巨大变化，儿童青少年日常身体活动量越来越少，体质健康水平持续下滑。2010 年，由中国科学技术协会（以下简称"中国科协"）联合中国心理学会开展的"中国青少年心理健康状况调查"显示：我国青少年心理健康总体状况虽然良好，但有严重心理问题的比例偏高，焦虑、抑郁问题普遍[①]。

体育锻炼是促进儿童青少年身心健康的有效方式。儿童青少年在校时间长，接受国家规定的体育与健康课程教育，因此学校体育教育理应探寻出更多有效的方法和措施去促进儿童青少年身心健康。然而，许多学校体育教学并未达到所期望的效果，主要问题在于课堂的运动质量不高，儿童青少年参与身体练习的时间不足，课堂运动负荷没有达到促进身心健康的有效阈值。总体上，我国学校体育教学质量仍有待提高。

运动技能练习和体能练习是体育教学中身体练习的主要内容，两种练习的效果直接决定着体育教学的质量。《义务教育体育与健康课程标准（2011 年版）》提出，"应在运动技能教学的同时，安排一定的时间，选择简单有效的练习内容，采

---

① 中国科协和中国心理学会课题组. 我国青少年心理健康问题亟需引起高度重视 [C] //2010 年中国科协科技工作者建议汇编，2010：1 – 16.

用多种多样的方法发展学生的体能"①。在体育课的基本部分，进行运动技能练习和体能练习不仅不矛盾，而且还可以相互促进。良好的体能是提高运动技能水平的基础与保障，掌握与运用运动技能则能促进体能的发展。许多基础教育一线教师也认为，运动技能练习和体能练习是儿童青少年健康成长中不可缺少的两把"刷子"②，应寻求运动技能和体能练习的平衡点，尽量做到两者兼顾③。

我国基础教育阶段的体育课时长一般是 40 min 或 45 min，体育课基本部分通常可以达到 30 min。在 30 min 内如何安排运动技能和体能练习的时间与强度才能获得最佳效果，尚无有说服力的实验证据可循。在前人研究的基础上，本研究总结出 7 种不同时间与强度的运动技能和体能组合练习方式，通过教学实验探讨这 7 种组合练习方式对中学生身心健康的影响，进而遴选出运动技能和体能组合练习的适宜时间与强度。

体育教学是"教"与"学"的双边活动。除练习时间与强度外，教学法也深深影响着体育教学促进青少年身心健康的效果。新课程改革以来，我国体育课程与教学取得了长足的发展。国家《普通高中体育与健康课程标准（2017 年版）》中提出了一系列新颖的教学理念。例如，应避免在课堂上孤立、静态地进行单个技术教学，倡导用较少的时间进行单个技术教学后，用较多的时间进行多种组合技术学练，注重活动和比赛情境的创设，促进学生在真实运动情境中能够运用组合技术。这些教学理念在体育教学中的应用效果如何，值得探讨。本研究在实验 1 的基础上，将这些最新的教学法用于指导运动技能和体能组合练习，探讨其对中学生身心健康的影响。

围绕上述两个研究的结果，可以提炼出一种旨在促进身心健康的教学模式，这种教学模式是否可以运用到小学和高中体育课堂教学中，在一学年内实施这种教学模式是否可以显著提高中小学生的身心健康水平，也有待探讨。

---

① 教育部. 义务教育体育与健康课程标准（2011 年版）[S].北京：北京师范大学出版社，2012.

② 王风飞. "体能""运动技能"：青少年成长中不可缺少的两把"刷子"[J].运动，2013，4（16）：99－100.

③ 徐健. 简析提高运动技能与发展体能的有机整合 [J].运动，2014，5（19）：134－135.

1.2 研究目的和意义

1.2.1 研究目的

（1）以学生的练习为研究侧重点，探讨 7 种不同时间与强度的运动技能和体能组合练习促进初中生身心健康的效果，进而遴选出运动技能和体能组合练习的适宜时间与强度。

（2）在重视学生练习的基础上，以教师的教学法应用为研究侧重点，探讨新课程教学法与一般教学法指导的运动技能和体能组合练习对促进青少年身心健康的效果差异，进而提炼出一种旨在促进初中生身心健康的教学模式。

（3）将新教学模式应用到小学和高中体育课堂教学中，探讨其促进儿童青少年身心健康的效果，同时总结新教学模式在体育教学应用中的注意事项，进而为促进我国儿童青少年身心健康、提高体育课堂教学质量提供一种方法。

1.2.2 研究意义

（1）理论意义：我国学校体育始终贯彻"以学生发展为中心"的课程理念，坚持"健康第一"的指导思想，积极探寻更多有效的方法和措施促进儿童青少年身心健康。在体育教学情境中，探讨运动技能和体能的最佳组合练习方式，围绕研究结果，可以提炼出一种增进儿童青少年身心健康的教学模式，促进体育课程与教学论的发展。

（2）实践意义：通过探讨采用什么样的教学法，进行多长时间、何种强度的运动技能和体能组合练习，对促进儿童青少年身心健康最有帮助，可以为解决我国儿童青少年体质健康持续下滑的问题提供一种新方法。提炼出的教学模式还可以作为基础教育体育教学改革的一个案例，中小学一线体育教师加以应用后，有助于提高体育课堂教学的质量。

1.3　研究方法

1.3.1　文献资料法

本研究主要通过以下途径查找国内外有关运动技能和体能组合练习对身心健康影响的文献资料：

（1）中国知网、万方数据库、Web of Science 数据库、PubMed 数据库、EB-SCO 数据库等网络数据资源；

（2）高校图书馆馆藏书目，通过网络平台购买的专业书籍；

（3）从 *Journal of Teaching in Physical Education*，*Physical Education and Sport Pedagogy*，*Journal of Sport and Health Science*，*The British Journal of Physical Education*，*European Phsyical Education Review* 等与体育教学、体育与身心健康有关的英文期刊中筛选出对本研究有启示的文献。

1.3.2　实验研究法

本研究主要通过 3 个实验探讨不同运动技能和体能组合练习干预方案对儿童青少年身心健康的影响。实验 1 和实验 2 均在第 2 周进行身心健康前测，在实际 36 次课结束后完成身心健康后测。实验 3 在实验干预前进行身心健康前测，实验干预结束后完成身心健康后测，通过相应的统计分析，得出不同运动干预方案对儿童青少年身心健康的影响结果，进而总结研究结论，提出研究建议。

1.3.3　数理统计法

本研究主要运用 SPSS 20.0 统计软件，对实验数据进行均值与标准差等描述性统计分析、配对样本 T 检验、单因素方差分析、双因素方差分析和协方差分析。

1.4 研究路线

本研究的研究路线如图 1-1 所示。

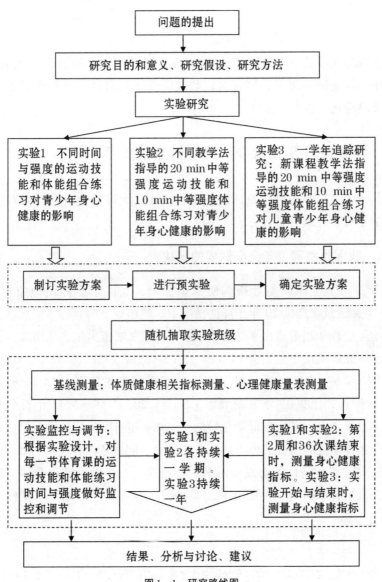

图 1-1 研究路线图

2　文献综述

从体育课与儿童青少年身心健康的关系，体育教学中的运动技能研究进展，体育教学中的体能研究进展，体育课运动技能和体能组合练习方式的研究进展等方面进行文献综述。

2.1　体育课与儿童青少年身心健康的关系

我国儿童青少年身心健康总体状况不容乐观。大量研究表明，体育锻炼是促进儿童青少年身心健康的有效方式。

2.1.1　我国儿童青少年身心健康的现状

2010 年全国学生体质与健康调研结果显示，我国学生体质健康存在问题：7～18 岁学生肺活量在连续 20 年下降的情况下，虽出现上升拐点，但肺活量水平依然较低。学生肥胖和超重检出率继续增加，7～22 岁城市男生、城市女生、乡村男生、乡村女生肥胖检出率分别为 13.33%、5.64%、7.83%、3.78%，比 2005 年分别增加 1.94、0.63、2.76、1.15 个百分点；超重检出率分别为 14.81%、9.92%、10.79%、8.03%，比 2005 年分别增加 1.56、1.20、2.59、3.42 个百分点。视力不良检出率继续上升，并出现低龄化倾向[①]。2014 年全国学生体质与健康调研结果显示，在学生体质健康状况总体有所改善的同时，问题依然存在。与 2010 年相比，2014 年我国城乡学生身体形态发育水平继续提高，中小学生部分身体素质呈现稳中向好趋势，但各年龄段学生肥胖和超重检出率继续上升，视力不良检出率仍然

---

① 全国学生体质与健康调研组.2010 年全国学生体质与健康调研结果［J］.中国学校卫生，2011，32（9）：4.

6

居高不下，继续呈现低龄化倾向①。

我国儿童青少年心理健康状况也不乐观。2010年，中国科协同中国心理学会开展的"中国青少年心理健康状况调查"显示：我国青少年心理健康总体状况虽然良好，但有严重心理问题的比例偏高，抑郁问题普遍②。17.5%的青少年存在心理问题，3.1%的青少年有严重心理问题，后者人数比例偏高；63.3%的青少年心情低落，29.1%的青少年常紧张不安，31.7%的青少年有较多的愤怒感，说明青少年的不良情绪较多。超过三成的青少年有不同程度的抑郁，23.4%的青少年存在轻度抑郁，13.1%的青少年存在严重抑郁。在13~15岁之间，青少年抑郁比例每年以近10%的速度增长。辛自强等（2009）采用横断历史研究方法探究1992年以来我国中学生心理健康的变化，发现中学生心理问题在缓慢增加，心理健康的总体水平逐年下降，且现在中学生之间的心理健康水平差异增大，当前可能有许多中学生存在心理问题③。张晓娟（2013）在回顾和总结近10年我国儿童青少年焦虑障碍方面的研究后发现，我国儿童青少年焦虑障碍的检出率为20.3%~26.7%，且检出率与患病率有逐年上升的趋势④。

综合最近两次全国学生体质健康调研报告，我国儿童青少年身体形态、部分身体机能和身体素质指标开始出现止跌回升的趋势，然而这些指标在持续20多年下滑的大背景下，水平仍有待提高，且其他部分身体机能和身体素质指标依然存在下降问题。我国儿童青少年的体质健康水平还没有得到根本性好转。在心理健康方面，主要存在抑郁和焦虑比例偏高且有逐年上升的趋势等问题。这些问题的背后隐藏着我国儿童青少年心理健康状况正在恶化的不良信号，亟须引起教育界的重视。

---

① 全国学生体质与健康调研组.2014年全国学生体质与健康调研结果［J］.中国学校卫生，2015，36（12）：4.

② 中国科协和中国心理学会课题组.我国青少年心理健康问题亟需引起高度重视［C］//2010年中国科协科技工作者建议汇编，2010：1-16.

③ 辛自强，张梅.1992年以来中学生心理健康的变迁：一项横断历史研究［J］.心理学报，2009，41（1）：69-78.

④ 张晓娟.儿童青少年心理健康状况及其影响因素［J］.中国健康心理学杂志，2013，21（6）：959-961.

2.1.2 体育课是促进儿童青少年身心健康不可替代的有效手段

国内外大量研究表明，一定运动强度和持续时间的体育锻炼可以提高儿童青少年心肺功能、肌肉力量和肌肉耐力，改善身体成分，降低血浆总胆固醇，增加骨密度等。有规律地积极参与体育锻炼是一种增强儿童青少年体质健康的有效手段。

不仅如此，运动心理学研究还发现，长期参与体育锻炼具有调节儿童青少年情绪，降低焦虑和抑郁水平，提高认知能力、自尊和身体自尊、身体满意感、主观幸福感等效应。体育锻炼促进儿童青少年心理健康的效果已得到大量研究证实，体育锻炼产生心理效应的机制研究也更加深入。

基于体育与健康的研究成果，美国卫生与公共服务部 2008 年建议儿童青少年每天至少保持 60 min 的身体活动，达到中高运动强度。我国首部《中国儿童青少年身体活动指南》推荐：儿童青少年每日应进行至少累计 60 min 的中高强度身体活动，包括每周至少 3 次高强度身体活动①。鉴于儿童青少年在校时间长，美国、中国等国家都制订了校园干预计划，确保儿童青少年达到所推荐的身体活动量。例如，美国提出 "CSPAP 计划"（Comprehensive School Physical Activity Programs），中国提出 "全国亿万学生阳光体育运动"，日本提出 "体育振兴基本计划"。从各国的校园干预计划中可以发现，体育课是干预计划的最重要的组成部分，干预计划纷纷倡导开足上好体育课，提高体育课教学质量。

在我国，体育课是国家规定的基础教育必修课程，是实现学校体育目的与任务的基本途径。如果按一般情况下小学和初中每周 3 课时，高中每周 2 课时，每学期 18 周教学时间来计算，我国学生从小学一直到高中毕业，会完成 1188 个体育课时的学习。对儿童青少年而言，体育课是非常宝贵和难得的锻炼时间。

处理好运动技能练习和体能练习的关系，保证高质量的体育课堂教学，是体育课促进儿童青少年身心健康的关键所在。运动技能练习会促进体能的发展，体能的发展又会加快运动技能的掌握。运动技能练习有助于促进儿童青少年身心健康，体能练习也可以促进儿童青少年身心健康。在体育教学中，尝试将运动技能

---

① 国家儿童医学中心和上海市学生体质健康研究中心. 中国儿童青少年身体活动指南 [J]. 中国循证儿科杂志, 2017, 11（6）：401 - 409.

和体能组合练习，对儿童青少年的身心健康发展或许会产生更好的促进作用。目前，这种观点得到了诸多学者与一线教师的认可和提议。

2.2 体育教学中的运动技能研究进展

运动技能是体育教学、运动训练学、运动心理学等多个领域的重点研究内容，不同研究领域在运动技能的概念界定、分类方法、研究结果应用等方面存在着非常明显的差异。本书探究的是体育教学中的运动技能，因此从运动技能的概念与分类、运动技能与儿童青少年身心健康的关系等视角，梳理与本研究相关的运动技能研究进展。

2.2.1 运动技能的概念与分类

体育教学中运动技能的概念和分类方法具有一定的差异，下面对多种观点进行梳理与分析。

2.2.1.1 运动技能的概念

《义务教育体育与健康课程标准（2011 年版）》指出，运动技能是学生在体育学习和锻炼中完成运动动作的能力，它反映了体育与健康课程以身体练习为主要手段的基本特征，是课程学习的重要内容和实现其他学习目标的主要途径[①]。《义务教育体育与健康课程标准（2011 年版）》是教育部编制的用于指导体育教学的纲领性文件，将运动技能理解为完成运动动作的能力。中国体育科学学会编著的《体育科学词典》也持相同观点，认为运动技能是按照一定技术要求完成某种动作的能力[②]。

另有一些学者对运动技能也持"能力观"。邵伟德认为，运动技能是按一定的技术要求，完成某种动作的能力，它是人经过学习后掌握的具有个性化的行为方式，具有明显的个人特征[③]。李杰凯认为，运动技能是指人体运动中掌握和有效完

---

① 教育部. 义务教育体育与健康课程标准（2011 年版）[S]. 北京：北京师范大学出版社，2012.
② 中国体育科学学会，香港体育学院. 体育科学词典 [M]. 北京：高等教育出版社，2000.
③ 邵伟德. 学校体育学科中运动技术、运动技能和终身体育习惯等概念之关系探讨 [J]. 北京体育大学学报，2004，27（1）：83 - 85.

成专门动作的能力,是一种伴随着运动技术掌握而发展起来的专门能力,是在后天获得性基础上建立的复杂的、连锁的、本体感受的运动条件反射①。

除能力观之外,有学者将运动技能理解为完成动作的表现或方式。马吉尔(Magill)认为,运动技能是为达到专门目的或任务而进行的高规格的动作表现②。施密特(Schmidt)等认为,运动技能是学习者通过认知学习和身体练习,有效地运用运动技术完成相应运动任务的一种活动方式③。国内学者贾齐(2009)也认为,运动技能是经由运动学习而获得的一种合乎法则的动作方式,在通常的情况下用"会"或"不会"这样的词语对某人掌握运动技能的状况进行判断④。王健认为,从狭义上讲,运动技能是个体通过反复练习对其从事体育运动行为的潜能进行整合的过程;从广义上讲,是个体从事各种身体活动过程的总称。运动技能的核心是运动技术,基础是运动能力,运动技术是运动技能的外在尺度,运动能力是运动技能的内在尺度,运动技能是运动技术与运动能力的有机结合和综合表现⑤。

与体育教学相关的著作和教材也对运动技能的概念进行了界定,见表2-1。

表2-1 体育教学相关的著作和教材中的运动技能概念

著作/教材名称	著者/主编	运动技能概念	出版社,出版年
《学校体育的追问与追求(中篇)》⑥	潘绍伟	不是先天具有的,而是通过后天的训练与练习获得的完成某种活动任务的复杂的肢体动作系统	北京体育大学出版社,2017

---

① 李杰凯,马策.运动技能学习中人类本能与文化规范关系刍议 [J].沈阳体育学院学报,2010,29(4):1-4.

② MAGILL R A. Motor Learning:Concepts and Application [M]. New York:McGraw-Hill, 2001.

③ SCHMIDT R,LEE T. Motor Control and Learning:A Behavioral Emphasis(5th Edition)[M]. Champaign, IL:Human Kinetics, 2011.

④ 贾齐.运动技能初步形成阶段运动指导的方法论考察 [J].体育与科学,2009,30(1):77-80.

⑤ 王健.运动技能与体育教学:中小学学生运动技能形成过程的理论探讨与实证分析 [D].福州:福建师范大学,2004.

⑥ 潘绍伟.学校体育的追问与追求(中篇)[M].北京:北京体育大学出版社,2017.

著作/教材名称	著者/主编	运动技能概念	出版社，出版年
《学校体育学》①	董翠香	个体通过自己的努力，经过反复的练习，掌握一定的运动技术后完善合理地组织支配肢体的系统表现形式	浙江大学出版社，2013
《学校体育学》②	周登嵩	对运动动作经过长期的反复练习后掌握的能力	人民体育出版社，2005
《体育教学改革新视野》③	毛振明，赖天德	按照动作技术原理完成动作的能力	北京体育大学出版社，2004
《学校体育学》④	王健	按照一定技术要求完成一系列动作的能力	人民体育出版社，1994
《学校体育学》⑤	罗映清，曲宗湖	在体育教学中，学生通过学习体育教学内容（身体练习），掌握动作技术，形成的一种动作技能	北京体育学院出版社，1990

从上述观点中可以了解到，运动技术是人们在长期运动实践中经过总结形成的，并在不同阶段具有相对科学地完成动作的方法，是普适化的客观存在，不随人的意志而转移。运动技术是个体身体练习的对象，运动技能是练习产生的结果。例如，个体练习蛙泳，完成蛙泳的一系列连贯动作的方法是蛙泳技术，个体在练习蛙泳技术的过程中逐渐掌握了蛙泳运动技能，当个体学会了蛙泳技术，就具备了蛙泳运动技能。随着运动技能的巩固与发展，形成运动动作定型，达到娴熟的境地，并出现自动化的现象，这样的运动技能可称为运动技巧。

2.2.1.2　运动技能的分类

运动技能纷繁复杂，对其进行科学分类有助于我们的理解与应用。根据不同的分类标准，可以将运动技能划分成多个种类。目前被广为关注并且认可较多的

---

① 董翠香.学校体育学［M］.杭州：浙江大学出版社，2013.
② 周登嵩.学校体育学［M］.北京：人民体育出版社，2005.
③ 毛振明，赖天德.体育教学改革新视野［M］.北京：北京体育大学出版社，2004.
④ 王健.学校体育学［M］.北京：人民体育出版社，1994.
⑤ 罗映清，曲宗湖.学校体育学［M］.北京：北京体育学院出版社，1990.

运动技能分类标准主要有以下 4 种。

1. 开放式运动技能与封闭式运动技能

根据运动动作完成过程中背景环境的稳定性，可将运动技能分为开放式运动技能与封闭式运动技能。

开放式运动技能的背景环境是不稳定的，在完成开放式运动技能的过程中，个体必须根据环境的变化适时做出相应的动作调整。例如，球类运动中的进攻与防守、拳击与击剑等都属于开放式运动技能。

封闭式运动技能的背景环境是稳定的，在个体完成运动技能的过程中不会发生位置上的变化，个体很少需要根据环境的变化来调整动作。掌握封闭式运动技能的关键在于反复和强化练习。例如，篮球的罚球、体操、跳高、跳远等都属于封闭式运动技能。

2. 精细运动技能与大肌肉群运动技能

根据完成运动动作过程中所涉及的肌肉与动作幅度大小，可以把运动技能分为精细运动技能与大肌肉群运动技能。

精细运动技能主要通过小肌肉群活动来实现，具有精巧、细微的特征，如各种静止性的射击运动。由于绝大多数的体育活动是全身性的身体活动，所以精细运动技能在日常体育活动中并不多见。

大肌肉群运动技能是指通过大肌肉群活动完成运动动作的技能，如游泳、举重、跳水等。与精细运动技能相比，大肌肉群运动技能对动作的精确度要求较低。

3. 连续性运动技能与非连续性运动技能

根据运动技能的完成是否连续，可将运动技能分为连续性运动技能与非连续性运动技能。

连续性运动技能会以连续不间断的相同模式进行重复性的运动，如慢走、长跑、滑冰、游泳等。其主要特征是由一个接一个的相同动作组成，没有明显的开始与结束，连续性运动技能的起点与终点通常由个体自己决定。

非连续性运动技能的动作常包括几个不同的、独立的步骤或环节，在运动技能完成过程中，这些步骤或环节会被一个接一个地连续完成，如跳远、足球点球、投掷标枪、举重等。非连续性运动技能的动作开始与结束一般清晰可辨。

4. 位置移动运动技能与物体控制运动技能

根据在完成运动动作过程中有无操控物体，可以将运动技能分为位置移动运动技能与物体控制运动技能。

位置移动运动技能主要通过身体的空间移动去完成运动动作，不涉及操控其他任何物体，如跑步、跳远、跳高、花样游泳、滑冰等。

物体控制运动技能在运动动作完成过程中需要操控其他物体，如击剑、撑杆跳等。物体控制运动技能的完成通常也需要位置移动运动技能的配合。

2.2.2 运动技能与儿童青少年身心健康的关系

运动技能练习不仅可以增进儿童青少年体质健康，而且能够促进儿童青少年心理健康。

2.2.2.1 运动技能水平低的儿童青少年更可能超重或肥胖

我国儿童青少年的超重率和肥胖率近 10 年来持续增长，超重和肥胖正严重威胁着他们的体质健康。体育运动是控制体重的有效方法，但参与体育运动需要具备一定的运动技能，运动技能水平低的儿童青少年参与体育运动的水平相对也较低。所以，在摄入相近能量的情况下，随着时间的积累，运动技能水平低的儿童青少年变得超重或肥胖的概率更高，更可能成为超重或肥胖人群。罗伯茨（Roberts）等通过对 4650 名儿童的大样本研究发现，运动技能水平与超重和肥胖存在显著的负相关关系。与正常体重儿童相比，肥胖儿童运动技能水平显著较低，尤其是位置移动运动技能和平衡性[1]。

一些追踪研究发现，随着时间的推移，低运动技能水平的儿童青少年更可能变得超重或肥胖，而且一旦发展为肥胖儿童青少年，再去提高其运动技能水平的难度将大大增加。克劳斯（Klaus）等对 213 名青少年的体重和运动技能进行了 4 年的追踪研究，结果发现，初测时高运动技能水平的青少年变得超重或肥胖的比例显著低于低运动技能水平的青少年，青少年运动技能水平与体重状态存在双向

---

① ROBERTS D, VENERI D, DECKER R, et al. Weight status and gross motor skill in kindergarten children [J]. Pediatric Physical Therapy, 2012, 24 (4): 353 – 360.

的相关关系，肥胖青少年体重降低与运动技能水平提高存在相关性①。因此，围绕运动技能制定相应的干预策略，对预防非健康的体重状态、促进超重和肥胖儿童青少年参与运动、降低体脂含量具有重要的意义。

2.2.2.2 运动技能练习能够提高儿童青少年体质健康水平

大量横向调查研究表明，高运动技能水平的儿童青少年在心肺功能、体成分、肌肉力量与耐力、平衡和灵敏等方面的测试结果好于低运动技能水平的儿童青少年。

实验研究发现，运动技能练习对儿童青少年心肺功能、体成分、肌肉力量与耐力等有积极影响。适宜的运动技能练习可以提高儿童青少年的体质健康水平。每周2次、每次60 min，共12周的视频运动游戏可以提高8～11岁儿童心肺功能和运动自信心②。

就运动技能练习提高体质健康的效果而言，不同研究之间会有一定的差别：有研究发现运动技能练习提高体质健康的效果很明显；有研究发现运动技能练习可以提高体质健康，但是效果一般；还有研究发现运动技能练习可以提高部分体质健康指标，对另一些体质健康指标则没有产生提高效果。为了进一步明确运动技能练习与儿童青少年体质健康的关系，有必要对大量实验研究进行整理和筛选，采用元分析的方法，分析运动技能练习提高体质健康的效果量。米纳托（Minatto）等对基于学校的运动技能干预提高青少年心肺功能的实验研究进行了元分析，结果表明，运动技能练习提高心肺功能的效果量会随着实验对象的年龄、样本量、实验干预策略等方面的不同而变化，25项实验研究的平均效果量为0.68，属于中等程度。建议采用每周3次、每次超过60 min、运动强度控制在中高强度的运动技能练习去提高儿童青少年的心肺功能③。

运动技能还会通过运动参与的中介作用影响儿童青少年的体质健康。运动技

① KLAUS G, CLEMENS D. Bidirectional association between weight status and motor skills in adolescents: A 4 - year longitudinal study [J]. European Journal of Medicine, 2017, 130 (1): 1 - 7.

② LAU P W C, WANG J J, MADDISON R. A randomized - controlled trial of school - based active videogame intervention on Chinese children's aerobic fitness, physical activity level, and psychological correlates [J]. Games for Health Journal, 2016, 5 (6): 405 - 412.

③ MINATTO G, FILHO V C B, BERRIA J, et al. School - based interventions to improve cardiorespiratory fitness in adolescents: systematic review and meta - analysis [J]. Sports Medicine, 2016, 46 (9): 1273 - 1292.

能水平越高，运动参与情况越好，体质健康水平也越高。与身体质量指数、运动能力感知、运动自信等相比而言，运动技能水平更深刻地影响着儿童青少年的运动参与，更能有效地预测儿童青少年当前的运动参与情况。运动技能发展障碍儿童参与中到高强度身体活动的持续时间，显著低于运动技能发展正常的同龄儿童①。运动技能正常发展的儿童青少年，运动技能水平较高的儿童青少年，其运动参与情况和体质健康水平也较好②。罗特尼亚克（Wrotniak）研究发现8～10岁儿童运动技能的娴熟程度与中到高强度身体活动的持续时间和活动量存在显著的正相关关系，与久坐时间存在负相关关系③。运动技能的娴熟程度可能会存在一个阈值，超过这个阈值的儿童青少年会比较积极地参与运动，低于这个阈值的儿童青少年更可能选择久坐的生活方式。

2.2.2.3　运动技能练习可以促进心理健康

运动技能发展滞后会导致发展性协调障碍（developmental coordination disorder，简称 DCD），DCD 儿童青少年在运动情境中会面临各种应激源，背负压力，对自己身体能力产生负面评价，有时甚至会遭受同伴嘲笑与歧视，心理出现问题的风险随之增加。运动技能水平低的儿童青少年会体验到更多的心理困扰。普瑞特（Pratt）发现，25%的 DCD 儿童青少年的焦虑水平显著高于运动技能发展正常的儿童青少年④。59%的 DCD 儿童青少年存在各类心理问题，如焦虑、抑郁、情绪低落和暴躁等⑤。

社交技巧在运动技能积极影响心理健康的关系中发挥着中介作用，运动技能水平越高的儿童青少年，在运动中与他人交流的机会越多，能够掌握更多的社交

---

① BATEY C A, MISSIUNA C A, TIMMONS B W, et al. Self-efficacy toward physical activity and the physical activity behavior of children with and without developmental coordination disorder ［J］. Human Movement Science, 2014, 36 (4): 258-271.

② LAUKKANEN A, PESOLA A, HAVU M, et al. Relationship between habitual physical activity and gross motor skills is multifaceted in 5-to 8-year-old children ［J］. Scandinavian Journal of Medicine & Science in Sports, 2014, 24 (2): 102-110.

③ WROTNIAK B H, EPSTEIN L H, DORN J M, et al. The relationship between motor proficiency and physical activity in children ［J］. Pediatrics, 2006, 118 (6): 1758-1765.

④ PRATT M L, HILL E L. Anxiety profiles in children with and without developmental coordination disorder ［J］. Research in Developmental Disabilities, 2011, 32 (4): 1253-1259.

⑤ GREEN D, BAIRD G, SUGDEN D. A pilot study of psychopathology in developmental coordination disorder ［J］. Child: care, health and development, 2006, 32 (6): 741-750.

技巧，其自尊、学习满意感等水平会得到提高，心理健康总体水平也会随之提高①。

运动技能练习可以提高个体对自己身体的认同感。长期参与运动，进行各种运动技能练习的人群比非运动人群具有更高水平的身体认同感②。进行运动技能练习的同时，辅助进行抗阻力量练习提高身体满意感的效果更好③。大量研究还发现，对自身身体认同感较差，对自己身体不满意的人群，进行一定周期的运动技能练习后，获得受益比普通人群更高④。

一些追踪研究和实验研究，证实了运动技能练习有助于促进儿童青少年心理健康，在制订运动干预方案时，应当选择符合儿童青少年身心发展和兴趣爱好的运动项目，去有效地促进儿童青少年心理健康。皮克（Piek）等以 4～6 岁儿童为研究对象，发现在接受运动技能干预后的第 6 个月和第 18 个月，实验组儿童的亲社会行为水平得到显著提高⑤。运动技能练习还可以提高儿童青少年的认知水平，进而有助于心理健康⑥。DCD 儿童不仅运动技能发展滞后，而且体验到的心理困难也比普通学生多，所以教师在向这些儿童传授运动技能时，应注意教学的方法，考虑到他们的心理感受。

2.3　体育教学中的体能研究进展

下面，从体能的概念与构成要素、体能练习与儿童青少年身体活动水平的关

---

① WILSON A, PIEK J P, KANE R. The mediating role of social skills in the relationship between motor ability and internalizing symptoms in pre – primary children [J]. Infant and Child Development, 2013, 22 (2): 151 – 164.

② ASCI F H. The effects of step dance on physical self – perception of female and male university students [J]. International Journal of Sport Psychology, 2002, 33 (1): 431 – 442.

③ HAUSENBLAS H A, FALLON E A. Exercise and body image: A meta – analysis [J]. Psychology & Health, 2006, 21 (1): 33 – 47.

④ HICKS A L, MARTIN K A, LATIMER A E, et al. Long – term exercise training in persons with spinal cord injury: effects on strength, arm ergometry performance and psychological well – being [J]. Spinal Cord, 2003, 41 (1): 29 – 33.

⑤ PIEK J P, KANE R, RIGOLI, et al. Does the animal fun program improve social – emotional and behavioral outcomes in children aged 4 – 6 years? [J]. Human Movement Science, 2015, 43 (5): 155 – 163.

⑥ SIBLEY B A, ETNIER J L. The relationship between physical activity and cognition in children: A meta – a-nalysis [J]. Pediatric Exercise Science, 2003, 15 (2): 243 – 256.

系、体能练习对儿童青少年身心健康的影响三个方面梳理体育教学中的体能研究进展。

2.3.1 体能的概念与构成要素

体能，也称体适能，从英文 Physical Fitness 翻译而来。美国运动医学会（American College of Sports Medicine，简称 ACSM）认为体能是机体在不过度疲劳状态下，能以旺盛的精力愉快地从事日常工作和休闲活动，能从容地应对紧急事件的能力。体能包括与健康有关的体能和与运动有关的体能：与健康有关的体能包括心肺功能、体成分、肌肉力量和肌肉耐力等；与运动有关的体能包括速度、力量、耐力、灵敏和柔韧等[①]。迄今为止，这种关于体能概念与构成要素的观点受到了众多学者的认可。

美国健康与公共服务部将体能定义为：人所先天具有的或后天获得的与其完成体力活动能力有关的一组身体要素，而具有良好体能的人通常能够以旺盛的精力从事每天的事务而不感到过度疲劳，以充足的活力享受休闲活动和应对突发事件[②]。世界卫生组织认为，体能是个人在应付日常工作之余，身体不会感到过度疲劳，还有余力去享受休闲及应对突发事件的能力[③]。这两个机构对体能概念的界定与美国运动医学会的观点是比较一致的。

《运动训练学》中体能的定义是：通过力量、速度、耐力、柔韧、协调、灵敏等运动素质表现出来的人体基本的运动能力，是竞技能力的重要构成要素[④]。王卫星认为，体能是指人体为了适应运动的需要所储存的身体能力要素，是人体活动基本能力的表现，是人体器官系统的功能在运动中的综合反映[⑤]。

体能在一定程度上反映着机体的健康水平，所以在考虑体能与运动关系的同时，健康也是学者们探究体能概念与构成要素时考虑的内容之一。陈佩杰等认为，体能是机体有效与高效执行自身机能的能力，也是机体适应环境的一种能力，主

---

① American College of Sports Medicine. ACSM's Health-related Physical Fitness Assessment ［M］. Netherlands: Wolters Kluwer, 2017.

② 王健，何玉秀. 健康体适能 ［M］. 北京：人民体育出版社，2008.

③ 邓树勋，王健，乔德才. 运动生理学 ［M］. 北京：高等教育出版社，2005.

④ 田麦久，刘大庆. 运动训练学 ［M］. 北京：人民体育出版社，2012.

⑤ 王卫星. 体能训练理论与实践 ［M］. 北京：高等教育出版社，2012.

要包括与健康有关的体能、与技能有关的体能和与代谢有关的体能三个方面①。钱伯光认为，体能是身体对外界的适应能力，主要包括与健康有关的体能和与竞技运动有关的体能②。中国台湾学者林正常认为，体能是身体适应能力，是心脏、血管、肺脏与肌肉效率运动的能力，良好的体能可以保证个体在不过度疲劳的情况下完成每天的事务，能够应对紧急事件，包括与健康有关的体能、与基本运动能力有关的一般体能和与运动项目有关的专项体能③。

关于体能的概念，ACSM 提出的定义比较全面，认可度较高，主要认为体能是机体适应日常生活、运动和突发事件的一种能力。由于理解的视角不同，也有学者从竞技运动训练角度界定了体能的概念，主要认为体能是机体在竞技运动情境中表现出的能力。这种观点与 ACSM 提出的体能概念并不矛盾，可以说是体能概念的广义与狭义之分。

关于体能的构成要素，ACSM 认为体能由与健康有关的体能和与技能有关的体能构成。除此观点之外，主要还有两种其他观点。一种观点是陈佩杰在 ACSM 提出的体能构成要素的基础上，增添了与代谢有关的体能。另一种观点是林正常将 ACSM 提出的体能构成要素进一步细分，把与技能有关的体能分为与基本运动能力有关的一般体能和与运动项目有关的专项体能。一般体能和专项体能的观点在运动训练学领域已得到一定程度的认可与应用，这是运动训练实践的需要。本研究采纳 ACSM 的观点，认为体能由与健康有关的体能和与技能有关的体能构成。

2.3.2　体能练习与儿童青少年身体活动水平的关系

体能练习是以提高人体体能水平为直接目的的身体练习方式。研究发现，体能练习可以显著提高儿童青少年能量消耗。融入体能练习的体育课，儿童青少年身体活动水平高。

2.3.2.1　融入体能练习的体育课，儿童青少年身体活动水平高

美国卫生与公共服务部建议儿童青少年每天至少保持 60 min 的身体活动，应

---

① 陈佩杰，王人卫，等. 体适能评定理论与方法 [M].哈尔滨：黑龙江科学技术出版社，2005.
② 钱伯光. Keep Fit 手册 [M].香港：博益出版集团，1996.
③ 林正常. 体能商 [N].运动生理通讯（电子报），2001－01－02（86）.

当达到中高强度。为了促进儿童青少年达到建议的身体活动水平，研究者们调查了儿童青少年身体活动的主要影响因素，制订了多种运动干预方案，如具有代表性的 CSPAP 计划。其主要从校内体育课、校内身体活动、教职工参与、上学前和放学后身体活动、家庭和社区参与等多个视角制订干预方案，全方位提高儿童青少年的身体活动水平。CSPAP 计划将校内体育课作为干预方案的核心，并且诸多学者和学校在实施这项计划后发现，上学前和放学后身体活动干预、家庭和社区参与干预的效果难以保证。体育课确实是提高儿童青少年身体活动水平的主要方式。

研究者们进一步探究了体育课中儿童青少年身体活动水平的主要影响因素，如课的类型、性别、年级水平、班级人数、教师的教龄等。研究发现，在融入体能练习的课型中，儿童青少年的身体活动水平通常比较高。柯卡姆（Kirkham）等用 Actigraph 加速度计测量了 281 名 1~5 年级学生在 12 周体育课（每周 3 节课，每节课 45 min）中的身体活动水平，最终获得 5 个年级共 175 节体育课的有效数据，其中 64% 的课型是"运动技能 + 游戏"练习，36% 的课型是"运动技能 + 体能"练习。结果表明，学生在"运动技能 + 体能"练习课型中，中到高强度身体活动（Moderate to Vigorous Physical Activity，简称 MVPA）时间显著长于在"运动技能 + 游戏"练习课型中的 MVPA 时间[1]。研究者以 25 人为划分标准，将班级分成小班和大班两类，发现小班化"运动技能 + 体能"练习课型中学生的 MVPA 时间与大班化"运动技能 + 游戏"练习课型中学生的 MVPA 时间差别最大，在融入体能练习的小班体育课中，学生的 MVPA 时间最长，身体活动水平最高。

劳尔森（Laurson）等采用 Polar 遥测心率仪监测了 796 名 14~18 岁高中生在团队运动体育课、个人项目体育课和体能练习体育课中的平均心率和靶心率，进而探究青少年在体能练习和其他练习中的身体活动水平[2]。研究发现，体能练习体

---

[1]　KIRKHAM K M, BRUSSEAU T A, HANNON J C, et al. Elementary physical education: a focus on fitness activities and smaller class sizes are associated with higher levels of physical activity [J]. Preventive Medicine Reports, 2017, 102（8）: 135 – 139.

[2]　LAURSON K R, BROWN D D, CULLEN R W, et al. Heart rates of high school physical education students during team sports, individual sports, and fitness activities [J]. Research Quarterly for Exercise and Sport, 2008, 79（1）: 85 – 91.

育课中的平均心率〔（142±24）次／min〕显著高于团队运动体育课中的平均心率〔（118±24）次／min〕和个人项目体育课〔（114±18）次／min〕的平均心率；就练习时心率在靶心率区间的时间百分比而言，体能练习体育课（81.7%±15.9%）同样显著高于团队运动体育课（68.4%±30.5%）和个人项目体育课（60.6%±30.5%）。无论是体育课中的平均心率还是练习时心率在靶心率区间的时间百分比，都反映了学生在体能练习体育课中的身体活动水平高。

2.3.2.2　体能练习提高儿童青少年身体活动水平

世界卫生组织于2010年发布《关于身体活动有益健康的全球建议》，倡导5～17岁儿童青少年每天进行至少累计60 min MVPA，大多数日常身体活动应该是有氧活动，同时每周至少应进行3次高强度身体活动，包括增强肌肉力量和骨骼健康的活动。《中国儿童青少年身体活动指南（2017）》也推荐：儿童青少年每日应进行至少累计60 min MVPA，包括每周至少3天的高强度身体活动和增强肌肉力量、骨骼健康的抗阻活动；每天"刷屏"时间限制在2小时内，鼓励儿童青少年更多地动起来[①]。综合国内外儿童青少年身体活动的建议，都比较推崇每天至少累计完成60 min MVPA，包括每周至少完成3次高强度抗阻活动。

考虑到儿童青少年在校时间长，体育课是儿童青少年进行身体活动的主要途径，建议将体能练习融入体育教学之中，在运动技能教学之外，预留一定的时间用于体能练习。我国小学和初中一般每周3节体育课，部分小学每周4节体育课，高中每周2节体育课。如果将体能练习融入体育课，预留一定时间进行高强度的抗阻活动，便可以保证小学生与初中生达到上面两个文件中提出的"每周至少进行3次高强度抗阻活动"的建议运动量，高中每周只有2节体育课，达到此建议还需通过其他途径再完成1次高强度抗阻活动。总的来说，体能练习是促进儿童青少年身体活动水平达标的重要方式，将体能练习融入体育课，可以为儿童青少年身体活动达标铺垫良好的基础。

---

① 国家儿童医学中心和上海市学生体质健康研究中心. 中国儿童青少年身体活动指南〔J〕. 中国循证儿科杂志, 2017, 11（6）：401－409.

2.3.3　体能练习对儿童青少年身心健康的影响

体能练习不仅可以提高儿童青少年体质健康，还能够促进儿童青少年心理健康。

2.3.3.1　体能练习能够提高儿童青少年体质健康

1. 不同时间与强度的体能练习效果

体能练习效果建立在一定的时间与强度基础之上，练习时间与强度安排不合理，就不能产生良好的效果。从已有成果看，研究者们通常都明确报告出干预的总时间，每周干预次数，每次干预的时间等信息，但在运动强度方面，有的研究没有对干预的强度进行监测，所以只能知道这些干预研究的体能练习内容，不清楚具体的运动强度。潘（Pan）等对 12 名 7～14 岁有注意力集中障碍的儿童进行了为期 12 周，每周 3 次的体能练习干预。每次体能练习 45 min，包括 10 min 准备活动和 5 min 放松活动，30 min 体能练习内容主要是渐进式有氧练习和力量练习。24 名注意力能够正常集中的儿童作为对照。研究发现，有注意力集中障碍的儿童有氧耐力水平低；但就进步幅度而言，与对照组儿童相比，实验组儿童的心肺耐力和灵敏素质得到显著提高[①]。多尔戈（Dorgo）等对 222 名青少年进行了 18 周体能练习促进体质健康的干预研究：63 名青少年组成实验 1 组，每周完成 3 次体能练习，每次 45 min，包括 10～15 min 的准备和放松活动，30 min 左右的抗阻力量练习；30 名青少年组成实验 2 组，每周同样完成 3 次体能练习，每次 45 min，除准备和放松活动外，每次进行 30 min 左右的抗阻力量和有氧练习；其余 129 名青少年组成对照组，完成正常体育课堂教学[②]。研究发现，与对照组相比，主要进行抗阻练习的实验 1 组学生肌肉力量和耐力得到显著提高，实验 2 组学生心肺耐力和肌肉力量与耐力得到显著提高，但两个实验组学生的体成分没有发生显著改善。

在吉安纳基（Giannaki）等进行的一项持续 8 周的实验研究中，39 名 16 岁高

　① PAN C Y, CHANG Y K, TSAI C L, et al. Effects of physical activity intervention on motor proficiency and physical fitness in children with ADHD: an exploratory study [J]. Journal of Attention Disorder, 2017, 21 (9): 783 – 795.

　② DORGO S, KING G A, CANDELARIA N G, et al. Effects of manual resistance training on fitness in adolescents [J]. Journal of Strength and Conditioning Research, 2009, 23 (8): 2287 – 2294.

21

中生被随机分配到实验组或对照组。实验组每周完成 2 次以循环式体能练习为基本部分的体育课，对照组每周也完成 2 次学校体育课①。持续 8 周干预后，与对照组相比，实验组学生的体脂含量、心脏收缩压显著下降，心肺耐力显著提高。黄亚茹等研究了 4 周运动配合饮食控制对肥胖青少年体成分与血脂的影响，16 名平均年龄 16.3 岁的青少年周一至周六按计划完成有氧运动、抗阻运动和垫上练习，运动强度控制在中等强度（60%~70% 最大心率）②。实验结果显示，16 名肥胖青少年的体重、体脂含量显著下降，血清总胆固醇和低密度脂蛋白含量显著下降，高密度脂蛋白含量提高。

　　结合其他类似研究的结果，可以发现，若想获得良好的体能练习效果，应当保证体能练习的次数和时间。如果每周练习次数少，就应保证总的练习时间足够长，如在 Perry 的研究中，实验组每周只进行 1 次 60~75 min 的体能练习，但总的练习时间长达 6 个月。总的练习时间短，但每周练习次数多，也可以获得良好的练习效果，在黄亚茹等的研究中，实验组只进行了 4 周时间的体能练习，但每周练习次数多达 6 次。在单次体能练习的时间上，如果只是进行体能练习，而不进行运动技能、游戏等其他练习，那么，除必要的准备和放松活动外，应当保持至少 30 min 的单次体能练习时间。若是将体能练习与运动技能、游戏等其他练习相结合，在 40 min 的体育课中就应预留 10 min 或 15 min 进行体能练习，每周练习 3 次，至少持续 8 周③。

　　对体能练习的强度进行监控，可以为我们理解体能练习提高体质健康的机制提供了更多的信息。近年来，高强度间歇性训练方式被应用到体能练习之中，并被证明可以产生良好的体质健康促进效果④。马丁内斯（Martinez）等将 74 名 7~9 岁儿童随机分配到实验组和对照组，在 12 周的实验周期内，实验组和对照组正常

　　① GIANNAKI C D, APHAMIS G, TSOULOUPAS C N, et al. An eight weeks school – based intervention with circuit training improves physical fitness and reduces body fat in male adolescents [J]. Journal of Sports Medicine and Physical Fitness, 2016, 56 (7): 894 – 900.

　　② 黄亚茹, 纪环, 葛小川, 等. 4 周运动配合饮食控制对肥胖青少年体成分、血脂的影响及相关调控机理 [J]. 中国体育科技, 2013, 49 (1): 46 – 51.

　　③ 武海潭. 体育课不同运动负荷组合方式对少年儿童健康体适能及情绪状态影响的实验研究 [D]. 上海: 华东师范大学, 2014.

　　④ LANZI S, CODECASA F, CORNACCHIA M, et al. Short – term HIIT and fat training increase aerobic and metabolic fitness in men with class II and III obesity [J]. Obesity, 2015, 23 (10): 1987 – 1994.

参与体育课堂教学活动。另外，这两组每周都参与 2 次课外体育活动，每次 40 min，实验组进行高强度间歇性体能练习，对照组进行类似于体育课的体育活动①。研究表明，与对照组相比，实验组学生的速度和灵敏素质、最大摄氧量、下肢肌肉力量和骨密度得到了显著提高，上肢力量没有发生显著变化。

适宜的中等强度体能练习也可以产生良好的体质健康促进效果，林格伦（Lindgren）等对 13～19 岁青少年进行了 6 个月的干预研究，56 名实验组学生每周进行 2 次、每次 45 min 中等强度的体能练习；54 名青少年组成对照组学生，正常参与体育课堂教学②。研究发现，与对照组相比，实验组学生的有氧耐力得到显著提高，身体成分得到显著改善。抗阻练习是常用的体能练习方式，是增强肌肉力量与耐力的重要方式，也可以提高关节处的肌肉柔韧性。费格博姆（Faigenbaum）等的研究表明，经过持续 8 周、每周 2 次相同时间的中等强度多次重复抗阻练习和高强度低重复次数抗阻练习后，两组被试的最大力量分别提高了 16.3% 和 16.8%，没有显著的差异③。中等强度持续性体能练习和高强度间歇性体能练习都可以提高儿童青少年的体质健康水平。

2. 持续性体能练习与间歇性体能练习的效果

间歇性体能练习指的是一天内 2 次或多次体能练习之间有明显时间间隔的练习方式，与高强度间歇性训练中的间歇性意义不同。唐纳利（Donnelly）进行的一项持续 18 个月的研究表明：1 次持续 30 min 的体能练习（每周 3 天练习）与 2 次相隔至少 2 h 的 15 min 体能练习（每周 5 天练习）相比，前者组内 11 名肥胖女性的体脂含量显著降低，而另一组 11 名肥胖女性的体脂含量几乎没变；但两组被试的有氧耐力都得到了显著提高，持续性体能练习组提高了 8%，间歇性体能练习组提高了 6%。

---

① MARTINEZ S R, RIOS L J C, TAMAYO L M, et al. An after – school, high intensity, interval physical activity programme improves health – related fitness in children [J]. Journal of Physical Education, 2016, 22 (4): 359 – 367.

② LINDGREN E C, BAIGI A, APITZSCH E, et al. Impact of a six – month empowerment – based exercise intervention programme in non – physically active adolescent Swedish girls [J]. Health Education Journal, 2009, 70 (1): 9 – 20.

③ FAIGENBAUM A D, LOUD R L, CONNELL J. et al. Effects of different resistance training protocols on upper – body strength and endurance development in children [J]. Journal of Strength and Conditioning Research, 2001, 15 (4): 459 – 465.

在单次练习的时间上，美国学者库珀研究表明，进行全身性有氧耐力运动时，运动强度维持在心率 150 次/min 时，至少持续运动 5 min 才能获得效果[1]。马克（Mark）等探究了 8~17 岁儿童青少年 MVPA 时间与出现超重概率的关系，发现 7 天内持续 MVPA 时间 $t \geqslant 5$ min 次数最高的 1/4 人群是最低的 1/4 人群超重概率的 35%[2]。持续 10 min 以上的 MVPA 在降低肥胖人群身体质量指数（简称 BMI）效果上是 10 min 以下 MVPA 效果的 4 倍，在降低腰围效果上是 10 min 以下 MVPA 效果的 3 倍[3]。在儿童青少年患代谢综合征风险上，每天 15 min 中高强度身体活动是每天只有 1 min 中高强度身体活动的 68%，而每天 30 min、45 min、60 min 中高强度身体活动分别是每天只有 1 min 中高强度身体活动的 45%、34% 和 23%，中高强度身体活动时间增加对促进体质健康具有"剂量效应"[4]。

3. 体能练习与营养、健康教育等组成综合干预的效果

儿童青少年体质健康受多种因素的影响，其中运动、营养、健康教育、遗传是主要影响因素。因此，一些研究探讨了体能练习与营养、健康教育等组成的综合干预对儿童青少年体质健康的影响效果。研究发现，综合干预的效果较好，尽管在营养干预中存在难以监督和调控的问题，但在保证体能练习的基础上，充分利用健康教育课时，尽可能去进行营养干预，可以显著提高儿童青少年的体质健康水平。

雷伊（Rey）等对 24 名 14~15 岁的肥胖少年进行了 5 周"体能练习+营养"综合干预，每周完成 3 次、每次 45 min 的高强度间歇性体能练习。每天饮食由实验组统一提供，男生每天摄入约 2200 Kcal 能量，女生每天摄入约 2000 Kcal 能量。5 周干预结束后，肥胖少年的体成分显著改善，有氧耐力、肌肉力量和身体满意感

① COOPER K H. The benefits of exercise in promoting long and healthy lives [J]. Methodist DeBakey Cardiovascular Journal, 2010, 6 (4): 10 –12.

② MARK A E, JANSSEN I. Influence of Bouts of Physical Activity on Overweight in Youth [J]. American Journal of Preventive Medicine, 2009, 36 (5): 416 –421.

③ STRATH J S, HOLLEMAN R G, RONIS D L, et al. Objective Physical Activity Accumulation in Bouts and Non –bouts and Relation to Markers of Obesity in US Adults [J]. Preventing Chronic Disease, 2008, 5 (4): 1 –11.

④ 关尚一，朱为模. 身体活动与青少年代谢综合征风险的"剂量—效应"关系 [J]. 西安体育学院学报，2013，30 (2): 211 –216.

显著提高[1]。

在一项比较"体能练习＋营养"、体能练习、营养三种干预方式效果的研究中，研究者发现，"体能练习＋营养"组被试的体成分显著改善，体重和体脂含量显著下降，肌肉力量与耐力显著提高；体能练习组被试的体脂含量显著下降，肌肉力量显著提高；营养组体质健康水平没有发生明显变化[2]。从总体上看"体能练习＋营养"综合干预的效果要比单纯体能练习的效果好。这说明充分利用好体育室内课时间，进行营养知识、健康知识教育，对提高儿童青少年体质健康水平同样很重要。

2.3.3.2　体能练习能够促进儿童青少年心理健康发展

心理健康指的是心理的各个方面与活动过程处于一种良好的或正常的状态，情绪、焦虑与抑郁、自尊等是反映心理健康水平的常见指标。体能练习主要通过调节情绪，降低焦虑和抑郁感，提高自尊和身体自尊、主观幸福感等，进而促进儿童青少年的心理健康。

长期情绪低落就是心理健康水平较低的体现。持续 20～30 min 的慢跑可以产生短时情绪效应，能增强个体能量感[3]。堤智彦（Tsutsumi）等研究发现，久坐人群参加 12 周体能练习后，情绪变得更加积极[4]。运动强度维持在 60%～75% VO_2max（最大摄氧量），单次练习时间保持在 20～60 min 的慢跑、有氧操、抗阻力量练习等方式均具有改善情绪低落的作用[5]。里德（Reed）元分析结果表明，规律性体能练习有助于产生长时情绪效应[6]。元分析研究表明，锻炼强度维持在

① REY O, VALLIER J M, NICOL C, et al. Effects of combined vigorous interval training program and diet on body composition, physical fitness, and physical self – perceptions among obese adolescent boys and girls [J]. Pediatric Exercise Science, 2016, 29 (1): 73 – 83.

② 백종원, 진영윤, 지은상. Effects of exercise combined with diet limitation on appetite regulating hormones, lipid – profiles, and health – related fitness [J]. The Korean Society of Sports Science, 2009, 18 (3): 1209 – 1223.

③ EDMUND O A. The Oxford Handbook of Exercise Psychology [M]. Oxford: Oxford University Press, 2012.

④ TSUTSUMI T, DON L D, ZAICHKOWSKY K, et al. Comparison of high and moderate intensity of strength training on mood and anxiety in older adults [J]. Perceptual and Motor Skills, 2008, 87 (1): 1003 – 1011.

⑤ BERGER B G, MOTL R W. Exercise and mood: a selective review and synthesis of research employing the profile of mood states [J]. Journal of Applied Sport Psychology, 2000, 12 (1): 69 – 92.

⑥ REED J. The effect of aerobic exercise on positive activated affect: A meta – analysis [J]. Psychology of Sport & Exercise, 2006, 7 (2): 477 – 514.

60% ~75% VO_2max，锻炼时间保持在 20~60 min 的各种有氧和抗阻体能练习方式均可以产生积极的情绪效应[①]。

　　焦虑是个体在担忧自己不能达到目标或不能克服障碍，而感到自尊心受到持续威胁时形成的一种紧张不安，并带有惧怕色彩的心理状态[②]。大量流行病学研究发现：与药物治疗相比，锻炼降低焦虑的效果不及药物，但锻炼无毒副作用；与心理治疗相比，锻炼降低抑郁的效果与其相似，但改善效果的持续时间更为长久。古德温（Goodwin）将 46 名被诊断为中到严重程度的焦虑症患者随机分到运动组（每周 3 次体能练习，每次 30~60 min）、药物治疗组（按医嘱服用药物）及安慰剂组。研究发现，在干预的前 4 周，药物治疗组焦虑症状明显减弱；10 周实验结束时，运动组和药物治疗组的改善效果相似；但实验结束后的 3 个月，药物治疗组出现焦虑的强度和频率的平均值都低于运动组[③]。药物治疗效果的保持时间比运动长。

　　体能练习可以降低抑郁水平。兰皮宁（Lampinen）等进行了一项为期 8 年的追踪研究，发现与保持运动的人群相比，8 年间停止运动的人群出现抑郁、抑郁程度加深的人数比例显著较高[④]。不再保持长期运动的人群整体抑郁水平上升，而锻炼水平变高者的抑郁水平整体上出现下降。与积极参加运动的人群相比，久坐人群的抑郁水平更高，长期保持规律性运动，如进行体能练习，可以产生降低抑郁的长时效应。体能练习可以作为低到中等程度抑郁的治疗手段，还可以作为治疗严重抑郁症的辅助手段。

　　自尊指的是个体对自身做出的整体性评价，身体自尊是个体对自己身体状况做出的针对性评价。体能练习可以提高自尊和身体自尊水平，在一些自尊水平较低的人群中，这种提升效果更为突出。与正常自尊水平女性参加 12 周、每周 3 次 25 min 有氧体能练习相比，低自尊且患有抑郁症的女性在完成相同的运动干预后，

　　① BERGER B G, FRIEDMAN E, EATON M. Comparison of jogging, the relaxation response, and group interaction for stress reduction [J]. Journal of Sports and Exercise Psychology, 2008, 27 (4): 437 –445.

　　② 季浏, 殷恒婵, 颜军. 体育心理学 [M]. 北京: 高等教育出版社, 2016.

　　③ GOODWIN R D. Association between physical activity and mental disorders among adults in the United States [J]. Preventive Medicine, 2003, 36 (2): 698 –703.

　　④ LAMPINEN P, HEIKKINEN R L, RUOPPILA I. Changes in intensity of physical exercise as predictors of depressive symptoms among older adults: An eight – year follow – up [J]. Preventive Medicine, 2000, 30 (3): 371 –380.

自尊水平的提高幅度更为明显①。

主观幸福感是衡量个体生活质量的重要的综合性心理指标。霍尔（Hall）等调查了主观幸福感和运动参与、运动技能水平之间的关系，运动技能水平高者，更喜欢参与运动，更满意他们的生活②。与正常人群相比，运动技能练习提高特殊人群主观幸福感的效益更高。兰尼姆（Lannem）研究发现，脊髓损伤人群在参加完运动技能练习干预方案后，主观幸福感提高程度高于正常人群③。

健康的心理寓于健全的身体，运动在提高体质健康水平的同时，也通过直接或间接的形式促进着个体的心理健康。大量运动心理学研究表明，体能练习作为一种旨在发展各种身体素质的运动方式，也是促进儿童青少年心理健康的有效方法。

2.4　体育课运动技能和体能组合练习方式的研究进展

体育课由准备部分、基本部分、结束部分组成，运动技能和体能组合练习在基本部分进行，但目前尚不清楚运动技能和体能组合练习的适宜方式。

2.4.1　体育课的结构

体育课的结构是指一节体育课的几个部分，以及各个部分教学内容的安排顺序与时间分配等④。按照人体生理机能活动变化的规律，学生的机体工作能力在一节体育课中总表现出逐步提高、相对稳定和逐步下降的变化过程。据此，体育课的结构常被分为准备、基本、结束三个部分，各个部分教学内容的安排顺序与时间分配主要取决于课的任务、学生特点、场地器材和季节气候等⑤。

准备部分的任务主要有三点：做好准备活动，使学生身体的肌肉、关节、韧

① LASH J M. The effects of acute exercise on cognitions related to depression [J]. The Sciences and Engineering, 2000, 60 (12): 63 - 71.

② HALL E E, EKKEKAKIS P, PETRUZZELLO S J. The affective beneficence of vigorous exercise revisited [J]. British Journal of Health Psychology, 2002, 7 (1): 47 - 66.

③ LANNEM A M. Perceptions of exercise mastery in persons with complete and incomplete spinal cord injury [J]. Spinal Cord, 2010, 48 (2): 388 - 392.

④ 周登嵩. 学校体育学 [M]. 北京：人民体育出版社，2005.

⑤ 季浏，汪晓赞. 体育与健康教学研究与案例 [M]. 北京：高等教育出版社，2007.

带等得到活动，促进学生的机体进入工作状态；迅速组织学生，集中学生的注意力（尤其是小学生的注意力），明确课堂常规等；适当兼顾学生身体姿势、体态与身体素质的发展。

准备部分的内容一般包括组织教学所必需的课堂常规、一般性准备活动或专门性准备活动。组织教学所必需的课堂常规包括：体委整队、报告班级出席与缺席人数，师生问好，教师简要说明课的内容与目标、明确课堂要求、检查服装、安排见习生等。多在室外组织教学的体育课不同于室内课，课堂教学中伴随着诸多不确定因素与风险，课堂常规少不得。实施体育课堂常规，不仅有助于建立正常的教学秩序，而且也是培养学生组织纪律性，讲文明、懂礼貌的教育过程①。

一般性准备活动通常有各种走和跑练习、队列队形练习、徒手操、轻器械练习、活动量较小的游戏与舞蹈等活动内容。其主要目的是促进学生颈部、肩带、腹背、大腿后部肌肉群、全身主要关节韧带等得到全面发展和充分活动。专门性准备活动，是根据基本部分完成动作技术需要选择的一些模仿性练习、诱导性练习或辅助性练习，以及完成动作技术所需的身体素质练习，为学生掌握所要学的运动技能创造条件。通过专门性准备活动，学生身体各器官系统的机能进入工作状态，肌肉群与关节韧带等得到充分活动，而且学生可以很自然地从课的准备部分过渡到基本部分的主教材练习。小学体育课由于运动负荷相对较小，教学内容的难度也相对较低，多采用兴趣化的游戏方式进行教学，因此一般不需要将一般性准备活动与专门性准备活动加以严格区分。初中和高中体育课由于教学内容的难度增加，教师可以有针对性地选择一些专门性准备活动。

准备部分的时间要充分考虑季节气候、教学内容、学生特点等具体情况，一般约占全课总时间的20%：在45 min的课中，一般占8~12 min；在40 min的课中，一般占8 min。

基本部分是整节体育课的核心，对应于学生身体生理机能处于较高水平的相对稳定阶段，主教材的学习在此时段进行。新课程改革赋予了教师根据学校实际情况、学生特点、所在地区的民族传统体育项目等自主选择教学内容的权利，因此，当前不同地区体育课基本部分的教学内容各有特色②。

---

① 潘绍伟.学校体育学［M］.北京：高等教育出版社，2006.
② 范海荣.学校体育学［M］.上海：复旦大学出版社，2009.

　　在"小学体育兴趣化、初中体育多样化、高中体育专项化"课改理念逐步推进的背景下，小学体育课基本部分的教学内容多为融合游戏性质的运动技能练习，或是提高身体素质的体能练习①。初中和高中体育课基本部分的教学内容多为不同项目的运动技能练习，或是运动技能与体能混合练习②，也有的体育课基本部分会在前几节体育课基本部分全是运动技能练习的基础上，专门设置一节课的基本部分为发展学生身体素质的体能练习。

　　在学习顺序上，一般将新教学内容或难度较大的教学内容设置在基本部分的开始阶段，以便学生用充沛的体力和饱满的精神去完成不熟悉或复杂困难的任务③。一般将体力消耗较大的内容，如教学比赛与体能练习等设置在基本部分的后半阶段。对运动负荷大小不同的教学内容，应遵循人体生理机能的变化规律，由小到大，大小相间有节奏地安排。

　　基本部分练习内容多，因此要合理安排好运动密度与运动强度，注意练习和休息的合理交替。例如，运动技能练习时，应保证练习的次数与时间；体能练习时，既可以采用中等强度持续性练习方式，也可以采用大强度间歇性练习方式④。练习的持续时间长或是强度大，练习后的休息时间也应多些。

　　体育课基本部分的时间一般占全课总时间的 70% 左右。为了保证学生运动技能和体能的发展，在 40 min 或 45 min 的课中，基本部分都应至少达到 30 min。

　　结束部分的主要任务是使学生逐渐恢复到相对安静状态，有组织地结束教学活动。结束部分的内容一般有慢走与慢跑、呼吸练习、放松舞蹈、动作缓和的徒手练习，以及课堂小结等。

　　结束部分是体育课的有机组成，在教学中不能忽略结束部分而仓促下课，这不仅会影响课的教学效果，而且不利于学生的身心健康。结束部分一般占用体育课堂总时间的 10% 左右，即在 40 min 或 45 min 的课中，一般占 4~5 min。

　　将体育课划分为三个部分是相对的。在教学实践中，体育课从开始到结束是

---

　　①　李长志. 小学高年级学生体育课"自主探究学习"模式的构建［J］. 体育学刊，2004，11（6）：105-107.

　　②　季浏，汪晓赞. 初中体育与健康新课程教学法［M］. 北京：高等教育出版社，2003.

　　③　邵伟德，李启迪，刘忠武. 运动技术教学原理构建［J］. 体育学刊，2013，20（2）：9-14.

　　④　马晶，那菊花，崔巍. 体育合作学习模式探析［J］. 体育科学，2001，21（5）：11-13.

紧密联系、循序渐进的一个整体，各个部分的衔接与过渡十分自然。① 本研究探讨的运动技能和体能组合练习方式，指的是在体育课的基本部分完成运动技能学习任务后，专门进行一定时间与强度的体能练习，这种组合练习方式的体育课结构如图 2 - 1 所示。

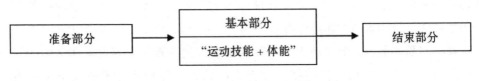

图 2 - 1　本研究中的体育课结构

2.4.2　国外运动技能与体能组合练习方式的研究进展

国外有研究者将体育课中的运动技能练习内容换成体能练习内容，形成类似于我国以素质练习为主的体育课，进而探讨这种练习方式对儿童青少年身心健康的影响。伦加萨米（Rengasamy）以中学女生为实验对象，在每节体育课的 8 min 热身活动后，进行 4 项体能循环练习，实验周期为 10 周，每周 2 次。研究表明，学生的心肺功能和灵敏素质得到显著提高②。

也有研究者将体能练习融入体育课，与运动技能练习相组合，探讨其对儿童青少年身心健康的影响。巴肯（Buchan）等将高强度间歇性体能练习融入体育课之中，在每周 3 次体育课上，进行 20 m 最大速度冲刺跑（4~6 次，组间休息30 s，共 7 周）。结果显示，高强度间歇性运动干预对提高学生体适能具有较好效果，实验后学生纵跳、10 m 冲刺水平和心肺功能显著提高，收缩压显著降低，低密度脂蛋白显著增加③。阿利克森（Alricsson）研究发现，与对照班相比，将体能练习融入以舞蹈技能教学为主的体育课中，经过持续 12 周、每周 3 次干预，12~15 岁青

① 季浏. 体育课程与教学论 [M]. 桂林：广西师范大学出版社，2007.

② RENGASAMY S. A physical fitness intervention program within a physical education class on selected health - related fitness among secondary school students [J]. Procedia - Social and Behavioral Sciences, 2012, 55 (5): 1104 - 1112.

③ BUCHAN D S, OLLIS S, YOUNG J D, et al. High intensity interval running enhances measures of physical fitness but not metabolic measures of cardiovascular disease risk in healthy adolescents [J]. BMC Public Health, 2013, 13 (1): 1 - 12.

少年的灵敏素质得到显著提高①。

除了进行专门的体能练习，有研究者尝试在运动技能练习中穿插体能练习。布鲁索（Brusseau）等以篮球和足球为例，探讨了这种穿插式运动技能和体能组合练习方法②。教师组织学生进行循环练习，学生从两人各持一篮球，进行相互传球后开始练习，随后进入俯卧撑、下肢拉伸、深蹲跳、运球行进间上篮、运球、投篮、上肢拉伸、平板支撑，最后进入1对1比赛，慢走至练习起点，进入第二次练习。循环往复，直至完成教师规定的组数。研究者还设计了与此相似的足球技能和体能穿插组合练习。可以看出，这种组合练习方式是建立在学生已经具备了一定篮球技能的基础之上，多用于复习课，难以在每节体育课中加以运用。

国外研究者积极尝试在体育课中进行一定时间的专门性体能练习，或在运动技能练习中穿插体能练习，取得了理想的效果，既提高了体育课的运动负荷，使儿童青少年处于中高强度的运动中，有助于运动效益的出现，还提高了儿童青少年的体质健康水平。考虑到儿童青少年在校时间长，体育课是儿童青少年进行身体活动的主要途径，所以应将体能练习融入体育课堂教学之中，在运动技能教学之外，预留一定的时间用于体能练习。

2.4.3　国内运动技能和体能组合练习方式的研究进展

将体能练习融入体育课中，在完成运动技能学习任务后专门进行一定时间的体能练习，这种体育教育理念在我国20世纪80年代的体育教学中就已出现。当时把这种体能练习方式称作"课课练"。据文献记载，曲宗湖教授可能是最早提出"课课练"的学者③。曲宗湖等于1980年9月—1981年11月间在北京两所学校进行了实证研究，把中学的每周两课、两操、两活动改为每周三课、一活动、两早操（每次20 min）和每天一次大课间活动，并在每节体育课中进行2~3项10 min

①　ALRICSSON M. The effect of dance training on joint mobility, muscle flexibility, speed and agility in young cross-country skiers - a prospective controlled intervention study [J]. Scandinvian Journal of Medicine & Science in Sports, 2003, 13 (4): 237-243.

②　BRUSSEAU T A, DARST P W, JOHNSON TYLER. Combining fitness and skill tasks [J]. Journal of Physical Education, Recreation & Dance, 2009, 80 (8): 50-52.

③　张弥. 体育"课课练"发展的回顾与思考 [J]. 体育教学, 2014, 15 (7): 77-79.

体能练习，研究发现学生的体质健康水平确实有所提高①。在这项研究中，体育课时的增加对研究结果有着明显影响，"课课练"的效果有多大还不确定。

对此，当时有学者通过对照实验探讨了"课课练"的效果。黄李明等选择了2个初三班级作为实验班和对照班，将5~7 min体能练习融入实验班的体育课（每周2次）中。经过一学期的干预，与对照班相比，实验班学生的各项身体素质显著提高②。崔世民等同样通过实验研究发现，经过一学年的干预，与对照班相比，每节课进行5~8 min体能练习的实验班学生的体质健康水平显著提高③。新颖的理念和良好的效果使得"课课练"被当时的一线教师广为接受，在教学实践中得到推崇。

经历数十年的普及与发展后，由于没有对"课课练"的内容与形式做进一步的创新，"课课练"单调、枯燥的弊端愈加突出，难以激发学生的练习兴趣和满足学生的运动需求；部分教师对"课课练"的理念理解错误，忽视了运动技能教学，导致运动技能练习与体能练习搭配不合理，体能练习流于形式；课时的局限和"课课练"内容安排不够系统，每节课体能练习内容随机选择，导致"课课练"效果不明显。诸多原因使得"课课练"在20世纪90年代逐渐淡出体育课堂。

《义务教育体育与健康课程标准（2011年版）》提出："应在运动技能教学的同时，安排一定的时间，选择简便有效的练习内容，采用多种多样的方法，发展学生的体能。"④呼唤体能练习回归体育课堂，最主要的原因是近30年来我国学生体质健康水平持续下滑，需要专门性的体能练习。当前，国内外体能练习的内容与方法不断创新，越来越富有多样性和趣味性。现在被广泛推荐的体能练习方法可谓丰富多彩，其中一个鲜明的现象是出现了许多专门制作的轻便柔软、色彩鲜艳的小型器材，这些器材具有很好的安全性、实用性，能够很好地激发学生练习兴趣⑤。这就在保证练习效果的基础上，克服了20世纪80年代"课课练"单调、

① 曲宗湖，李晋裕. 在两所学校试行"国家体育锻炼标准"的研究［J］. 北京体育学院学报，1982，8（4）：35－46.
② 黄李明，董诗政. 以发展速度素质为主的"课课练"在初中学生体育教学中的运用［J］. 上海体育学院学报，1981，5（3）：36－38.
③ 崔世民，刘东才. "课课练"内容与效果的研究报告［J］. 上海教育科研，1982，1（6）：34－39.
④ 教育部. 义务教育体育与健康课程标准（2011年版）［S］. 北京：北京师范大学出版社，2012.
⑤ 吴键. 归去来兮 身体素质"课课练"：学生体能下降问题的有效解决策略之一［J］. 中国学校体育，2010，30（8）：23－24.

枯燥的缺陷。在新的时代背景下，将丰富有趣的体能练习融入体育课堂教学之中，是遏制儿童青少年体质健康下滑的有效策略之一。

"中国青少年健康体能训练课题组"开发了一套综合发展青少年柔韧、耐力、力量、速度、协调、灵敏与平衡素质的训练方法①，趣味性强、方法简单实用，配合小型器材，采用双人、多人和集体练习的方法，游戏和比赛的练习方式，是这套训练方法的鲜明特点。这套体能训练的内容与方法是当前体能练习内容与形式研究的创新典范。也有许多一线教师根据自己的教学经验，总结出一系列发展儿童青少年体能的练习内容与方法，如"巧用篮球发展学生的力量素质"②"巧用短绳发展学生柔韧素质的方法"③ 等。

此外，有学者探究了不同时间与强度的体能练习效果。武海潭研究发现，融入持续性的 10 min 和 15 min 中等强度或高强度体能练习的体育课（8 周，每周 3 次）有助于改善初中生体成分，提高肌肉力量与耐力、心肺功能和柔韧性④。贺静等探讨了融入 20 min 中等强度体能练习的体育课（12 周，每周 3 次）对高中生体成分的影响。研究发现，与对照组相比，力量与有氧耐力组合的体能练习可以降低体脂含量，增加肌肉量⑤。这两项研究虽然都取得了不错的效果，但因过于强调体能练习，难以在体育教学中推广。一是融入 20 min 体能练习的体育课，再减去准备和放松活动时间，运动技能练习时间已经所剩无几，这种体能练习方法割裂了体育课的完整性。二是持续性的 10 min 或 15 min 体能练习缺乏长期应用的可行性。体育课情境不同于实验室和竞技训练情境，为了科学探究不同练习方式的影响，实验被试可以在实验室中完成各种持续性的身体活动，或为了获得理想的训练效果，实验被试也可以完成各种持续性的训练。而体育课因为教学目的、对象的特异性，绝大多数情况下需要采用间歇性的身体练习方式。

综合国内外运动技能和体能组合练习方式的研究进展可以发现，运动技能练

① 中国青少年健康体能训练课题组. 青少年健康体能训练 [J]. 中国学校体育，2017，37（1）：67 - 68.

② 王孝领. 巧用篮球发展学生的力量素质 [J]. 中国学校体育，2017，37（3）：60 - 62.

③ 张育，付艳军. 巧用短绳发展学生柔韧素质的方法 [J]. 中国学校体育，2016，36（2）：88 - 89.

④ 武海潭. 体育课不同运动负荷组合方式对少年儿童健康体适能及情绪状态影响的实验研究 [D]. 上海：华东师范大学，2014.

⑤ 贺静，孙有平，季浏. 体育课不同身体练习方式对高中生体成分影响的实验研究 [J]. 中国体育科技，2016，52（4）：139 - 144.

习有助于促进儿童青少年身心健康；体能练习也可以促进儿童青少年身心健康，还能够提高体育课运动负荷。因此，在体育教学中尝试运动技能和体能组合练习，研究什么样的组合练习方式最有助于促进儿童青少年身心健康，对体育教学具有重要的实践和理论价值。近几年来，国内外相关学者都在尝试将体能练习融入体育课，但都还处于研究的初级阶段，在组合练习中如何分配运动技能和体能练习的时间，采用什么样的强度去练习，尚无可靠的实验结果可循。在体育教学中，教师采用哪些教学方法去指导运动技能和体能组合练习，才能不将运动技能和体能练习割裂，不把体能练习上成体质健康测试练习，此类问题仍有待探讨与解决。

3　实验1　不同时间与强度的运动技能和体能组合练习对青少年身心健康的影响

我国中小学体育课时长主要有40 min和45 min两种（个别省份如上海，小学体育课时长35 min），除去准备和结束部分，体育课基本部分一般都可以达到30 min。在30 min内如何安排运动技能和体能练习的时间与强度，尚无有说服力的实验证据可循。《〈义务教育体育与健康课程标准（2011年版）〉解读》建议每节课进行10 min左右体能练习①。有学者在实验后推荐每节课进行5～8 min体能"课课练"②③。此外，还有研究发现融入15 min中等强度体能练习的体育课（8周，每周3次）可以改善青少年体成分，提高肌肉力量与耐力，调节情绪状态④。综合国内观点，每节课体能练习时间主要有3种，即5 min、10 min和15 min，相对应的运动技能练习时间也有3种，即25 min、20 min和15 min。

运动强度有低强度、中等强度和高强度之分。大量国内外研究发现，对身体正常人群而言，中等强度或高强度运动才有助于促进身心健康。中等强度运动一般需要适度的体力消耗，呼吸比平时较急促，心率也较快，微出汗，但仍可以轻松说话，代谢当量在3.0～5.9 MET，例如以正常的速度骑自行车、快步走等；高强度运动一般需要较多的体力消耗，呼吸比平时明显急促，呼吸深度大幅度增加，心率大幅度增加，出汗，停止运动、调整呼吸后才能说话，代谢当量≥6 MET，例

---

① 杨文轩，季浏.《义务教育体育与健康课程标准（2011年版）》解读［M］. 北京：高等教育出版社，2012.

② 崔世民，刘东才."课课练"内容与效果的研究报告［J］. 上海教育科研，1982，1（6）：34–39.

③ 党林秀，苏祝捷. 重提体育教学中"课课练"［J］. 体育教学，2011，12（3）：31–32.

④ 武海潭. 体育课不同运动负荷组合方式对少年儿童健康体适能及情绪状态影响的实验研究［D］. 上海：华东师范大学，2014.

如激烈打球或快速骑自行车等①。按照此标准，在一般体育教学中，运动技能练习可以达到中等强度。学生的运动技能掌握情况，主要与教师动作示范、讲解的正确性，运动技能练习次数和时间等有关，与运动强度是中等强度还是高强度的相关性较小，且高强度运动技能练习也不利于教学组织。因此，实验1将各班级运动技能练习的强度设置为中等强度。体能练习效果与运动强度的相关性较高，中等强度和高强度体能练习可能会产生明显不同的效果。因此，实验1中体能练习强度有2种，即中等强度和高强度。2种强度的体能练习都采用间歇性练习方式。

　　将3种练习时间与2种练习强度搭配，形成6种不同时间与强度的运动技能和体能组合练习方式（表3-1）。同时设置1个对照班，体育课基本部分30 min只进行中等强度运动技能练习，不进行专门的体能练习。探讨哪种练习方式对促进青少年身心健康最有利，进而在体育教学中推广实施，具有重要的实践意义。

表3-1　各班级运动技能和体能组合练习的时间与强度

班级	时间		强度	
	运动技能	体能	运动技能	体能
实验1班	25 min	5 min	中等强度	中等强度
实验2班	25 min	5 min	中等强度	高强度
实验3班	20 min	10 min	中等强度	中等强度
实验4班	20 min	10 min	中等强度	高强度
实验5班	15 min	15 min	中等强度	中等强度
实验6班	15 min	15 min	中等强度	高强度
对照班	30 min	0 min	中等强度	

　　实验1做出如下假设：与没有体能练习的体育课相比，融入体能练习的体育课促进青少年身心健康的效果更好。在7种不同时间与强度的运动技能和体能组合练习方式中，20 min中等强度运动技能和10 min中等强度或高强度体能组合练习方式最能显著促进青少年身心健康。5 min体能练习时间稍短，产生的效果也就相对

　　① 教育部国家学生体质健康标准测试抽查复核工作小组. 儿童青少年体育健身调查问卷（学生问卷）[Z]. 2016.

有限；而 15 min 体能练习时间稍长，与其组合的运动技能练习会受到影响，整体上组合练习的效果会被削弱。

3.1 实验方法

3.1.1 实验对象

本研究中的儿童青少年年龄范围是 7～17 岁。实验对象为 X 校初一年级学生，随机选取 6 个班作为实验班，随机选取 1 个班作为对照班。询问学生既往病史、家族遗传与心血管疾病、身体状况等，身体有潜在问题的学生不参与教学实验。共有实验对象 248 人，其中实验 1 班共 40 人（男生 22 人，女生 18 人），实验 2 班共 41 人（男生 20 人，女生 21 人），实验 3 班共 41 人（男生 19 人，女生 22 人），实验 4 班共 43 人（男生 24 人，女生 19 人），实验 5 班共 42 人（男生 20 人，女生 22 人），实验 6 班共 41 人（男生 20 人，女生 21 人）。对照班共 42 人，其中男生 23 人，女生 19 人。各实验班和对照班学生年龄、身高和体重的均值与标准差见表 3 - 2。

表 3 - 2　各实验班和对照班学生年龄、身高和体重的均值与标准差

班级	学生人数	年龄（岁）	身高（cm）	体重（kg）
实验 1 班	40	12.62 ± 0.56	159.73 ± 6.16	48.25 ± 10.32
实验 2 班	41	12.68 ± 0.68	158.82 ± 5.83	47.96 ± 11.12
实验 3 班	41	12.43 ± 0.54	160.15 ± 6.54	49.53 ± 10.56
实验 4 班	43	12.76 ± 0.82	158.84 ± 5.92	50.78 ± 12.43
实验 5 班	42	12.71 ± 0.73	159.46 ± 5.74	50.25 ± 11.62
实验 6 班	41	12.63 ± 0.78	159.54 ± 5.56	49.54 ± 12.37
对照班	42	12.51 ± 0.69	159.32 ± 5.25	48.76 ± 10.24

3.1.2 实验程序

实验 1 从 2016 年 3 月初开始，至 2016 年 6 月末结束。与实验学校沟通，征得

学校和家长同意之后，在学期第一周开展预实验。预实验期间对教师 A 和教师 B 进行培训，确定由教师 A 负责实验 1 班、实验 3 班和实验 5 班的体育教学工作，教师 B 负责实验 2 班、实验 4 班和实验 6 班的体育教学工作。这样分配的主要原因是：实验 1 班、3 班和 5 班体能练习强度都为中等强度，而实验 2 班、实验 4 班和实验 6 班体能练习强度都为高强度。教师 A 和教师 B 在预实验之后，便会清楚和熟悉什么样的身体练习是中等强度或高强度，从而有利于教师组织的教学活动能够达到实验要求。

在每个班的第一次课前，教会学生佩戴 Polar 心率带的方法，每节课随机抽取 28 名学生（14 名男生，14 名女生）佩戴心率带。预实验过程中，实验主试会在每节课后与实验班教师一同分析 Polar 遥测心率仪监测的强度结果，逐步让教师清楚各种身体练习活动所产生的运动强度，使教师组织的教学活动能够在预实验结束时符合实验要求。实验主试在正式实验过程中，还会观察 Polar 遥测心率仪，在运动强度不足或过高的情况下，对教师给予提醒。运动技能和体能组合练习的时间安排主要由教师根据手表观察时间来确定，实验主试同样会留意练习时间，在教师遗忘时间时给出提示信号。

学期第二周，实验主试配合教师 A 和教师 B 完成学生体质健康和心理健康的前测。第三周正式进行实验班的教学，运动技能教学内容统一为篮球。按实验计划，每个班级需完成 12 周、每周 3 次课，共 36 次课的教学。但在实际情况下，体育教学会受天气、假日、学校活动等因素影响而停课。本研究的处理方法是：考虑到学校规定的体育教学时间共有 18 周，所以停课之后顺延，最终确保每个班级都完成了 36 次课的教学。待各实验班级完成教学任务后，实验主试配合教师 A 和教师 B 完成学生体质健康和心理健康的后测。

对照班由教师 C 负责教学，运动技能教学内容也为篮球。对照班每节体育课不会预留一定的时间进行专门的体能练习，同样在学期第二周完成体质健康和心理健康的前测，在 36 次课后完成体质健康和心理健康的后测。

3.1.3　实验干预方案

在实验 1 中，实验班与对照班的每节体育课时长都为 45 min，各班级的课堂时间分配也相同，准备部分为 10 min，基本部分为 30 min，结束部分为 5 min。实验班基本部分进行相应时间与强度的运动技能练习和体能组合练习，对照班基本部分只进行运动技能练习。

3.1.3.1 运动技能练习干预方案

6 个实验班和对照班的运动技能练习内容统一为篮球。如此设计，是为了避免不同运动技能练习内容对实验结果的干扰。实验 1 班和实验 2 班的运动技能练习时间是 25 min，实验 3 班和实验 4 班的运动技能练习时间是 20 min，实验 5 班和实验 6 班的运动技能练习时间是 15 min，对照班的运动技能练习时间是 30 min。各个班级在总的练习进度上保持一致，练习时间长的班级，每次课篮球技能的练习次数或比赛时间相应增多，36 次课的运动技能练习内容见附录 A。例如，在第 2 次课中，每个班级都练习"行进间单手高手投篮"，但实验 1 班和实验 2 班的运动技能练习时间有 25 min，对照班的运动技能练习时间有 30 min，所以这些班级的学生练习"行进间单手高手投篮"等技能的次数要多于其他班级；在第 10 次课中，每个班级都有分组比赛，但实验 1 班、实验 2 班和对照班的比赛时间会长于其他班级。

3.1.3.2 体能练习干预方案

通过第一周 9 次课的预实验教学（教师 A 和教师 B 各负责 3 个实验班的教学，各班每周 3 次课），让教师 A 和教师 B 清楚选用哪些体能练习内容、进行多少组数的练习，可以达到实验的时间与强度要求。实验主试在预实验期间，与教师 A 和教师 B 一起制定好各班级的体能练习方案。方案主要由一般体能练习内容（见附录 B）和专项体能练习内容（见附录 C）组成，每次课只进行一般体能练习或专项体能练习，不会同时进行两种体能练习。

3.1.4 身心健康测试

采用科学规范的测量方法进行学生体质健康测试，采用心理量表测量学生心理健康。

3.1.4.1 体质健康测试

主要从体成分、肌肉力量、肌肉耐力、心肺功能、柔韧和速度六个方面测试青少年的体质健康水平，每个方面的测试指标如下：①体成分：体脂百分比、腰臀比。②肌肉力量：握力、立定跳远。③肌肉耐力：1 min 仰卧起坐。④心肺功能：肺活量、1000 m 跑（男）／800 m 跑（女）。⑤柔韧素质：坐位体前屈。⑥速度素质：50 m 跑。

1. 体成分测试方法

体成分的测试指标是体脂百分比（percentage of body fat，简称 PBF）和腰臀比（waist-hip ratio，简称 WHR）。PBF 采用韩国杰文 ioi353 体成分分析仪进行测试，该仪器通过 8 点接触式电极，可报告出测试者的 PBF。

WHR 通过软尺测量腰、臀围后进行推算。前测时间是在 2016 年 3 月，测试时气温不高，学生着装普遍较厚，所以先组织学生运动 15 min，之后让学生换上薄衣和薄裤。为了减少学生等待时间，请其他课程教师协助完成腰、臀围的测量。女生腰、臀围统一由女教师测量。腰、臀围各测量 2 次，取平均值。

2. 肌肉力量测试方法

肌肉力量的测试指标是握力和立定跳远。握力主要反映上肢肌肉力量，立定跳远主要反映下肢肌肉力量。采用电子握力计测试握力，测试时左、右手各测试 2 次，取最佳成绩，再计算出左、右手均值得出握力数值。立定跳远测试前每人试跳 1 次，正式测试时每人跳 2 次，取最佳成绩。

3. 肌肉耐力测试方法

肌肉耐力的测试指标是 1 min 仰卧起坐。采用集体测试的方法，将男、女生都分为 2 组，一组测试，另一组压住测试者腿部踝关节处进行辅助，同时记录测试者仰卧起坐个数。1 min 测试结束后 2 组学生互换。测试前，教师边示范仰卧起坐动作，边列举不规范的动作，要求学生在测试中动作到位。

4. 心肺功能测试方法

心肺功能的测试指标是肺活量和 1000 m 跑（男）／800 m 跑（女）。采用日本美能（Minato）肺活量仪器测量学生的肺活量。测试前，教师先讲解测试方法，再进行示范，要求学生测试时严肃认真。感觉发挥不佳的学生可在 5 min 后申请重测。

1000 m 跑（男）／800 m 跑（女）测试前，教师组织学生做好充分的热身准备，进行思想动员，要求学生尽最大努力完成测试。对身体状况不佳的学生可更换测试时间。

5. 柔韧测试方法

采用坐位体前屈测量仪测试柔韧素质。测试前，教师边示范边讲解规则，测试时要求测试学生平坐，两脚掌平蹬测量仪纵板，两腿伸直不能弯曲；两臂伸直向前，用两手中指尖向前推动游标，直到不能再向前推动为止。每位学生有 2 次测试机会，取最佳成绩。

6. 速度测试方法

采用 50 m 跑反映学生的速度。教师在测试前组织学生进行充分的热身活动，强调腿部、肩部与脚踝等处的活动。测试时，体育委员负责发令，2 名学生一组。对身体感觉不适的学生可调整测试时间。

3.1.4.2 心理健康测试

采用苏丹、黄希庭编制的《中学生心理健康量表》[1][2] 测量学生的心理健康水平。《中学生心理健康量表》共 25 道测试题，采用李克特 5 级评分法，1~5 表示"完全不符合"~"完全符合"。量表的内部一致性为 0.834，分半信度系数为 0.849，表明量表具有较好的信度。验证性因子分析的结果表明量表的结构效度良好。

3.1.5 统计分析方法

实验 1 的主要研究目的是分析出哪组运动技能和体能组合练习方式最能显著促进青少年身心健康。由于青少年身心健康的部分指标在前测时就存在差异，所以通过"后测－前测"得出各个组身心健康指标的进步幅度。使用单因素方差分析各个组的进步幅度是否有显著性差异，结合各个组进步幅度的均值大小，从而判断出哪组运动技能和体能组合练习方式促进青少年身心健康的效果最好，或判断出哪几组运动技能和体能组合练习方式促进青少年身心健康的效果相似。

单因素方差分析只能遴选出何种运动技能和体能组合练习方式最能显著促进青少年身心健康，但实验效果是由组合练习的时间还是练习强度，抑或是时间与强度交互作用引起的，仍有待探讨。采用时间与强度双因素方差分析，结合主效应检验结果与成对比较结果，分析各个组之间形成实验效果差异的主要原因。

① 苏丹. 适应取向中学生心理健康量表的初步编制 [D]. 重庆：西南大学，2007.
② 苏丹，黄希庭. 中学生适应取向的心理健康结构初探 [J]. 心理科学，2007，30 (6)：1290－1294.

3.1.6 实验仪器

表3-3 实验1中的主要实验仪器

仪器	目的	产地
Polar 遥测心率仪	监控运动强度	芬兰
Minato 肺活量仪	测量肺活量	日本
杰文 ioi353 体成分分析仪	测量体脂百分比（PBF）	韩国
握力计	测量握力	中国
坐位体前屈测量仪	测量柔韧性	中国
软尺	测量腰围与臀围	中国
秒表	测量 50 m 跑、1000 m 跑（男）／ 800 m 跑（女）时间	中国

3.2 研究结果

3.2.1 运动强度监测结果

本研究采用芬兰产 Ploar 遥测心率仪监控运动强度，通过此套设备可以同时观察 28 名学生的即刻与平均心率，监测设备还可以根据学生年龄，通过中等强度和高强度心率范围的界定公式［中等强度心率范围 =（220 - 年龄）×（65% ~ 75%）；高强度心率范围 =（220 - 年龄）×75% 以上］报告出学生的运动强度。Polar 遥测心率仪会自动记录学生在每节课不同时段的平均心率和运动强度信息。各班级实验期间每节课平均心率的范围及其均值与标准差，见表3-4。

表3-4 各班级实验期间每节课平均心率的范围及其均值与标准差（$M \pm SD$）

	实验1班	实验2班	实验3班	实验4班	实验5班	实验6班	对照班
运动技能练习	143 ~ 147	143 ~ 146	142 ~ 146	142 ~ 146	141 ~ 146	139 ~ 146	137 ~ 143
$M \pm SD$	145 ± 1.0	145 ± 0.9	144 ± 1.1	144 ± 0.9	143 ± 1.5	142 ± 1.7	139 ± 1.5
体能练习	140 ~ 156	160 ~ 175	145 ~ 158	161 ~ 177	150 ~ 157	164 ~ 178	
$M \pm SD$	150 ± 3.2	166 ± 3.9	153 ± 3.4	169 ± 4.1	153 ± 2.0	171 ± 3.6	

从运动技能练习强度的监控结果看，实验期间各实验班每节课的平均心率在
139～147 次/min。按照美国运动医学学会界定的中等强度心率范围计算公式 [中
等强度心率范围 = （220 - 年龄）× （65% ～75%）]，13 岁青少年中等运动强度
的心率一般在 134～155 次/min，表明各实验班的运动技能练习强度达到了实验要
求的中等强度。实验期间对照班运动技能练习的平均心率在 137～143 次/min，也
达到了中等强度。

各实验班体能练习采用的是间歇性练习方式。从体能练习强度的监控结果看，
实验期间实验 1 班、实验 3 班和实验 5 班每节课的平均心率在 140～158 次/min，
达到了实验要求的中等强度。实验 2 班、实验 4 班和实验 6 班每节课的平均心率在
160～178 次/min，达到了实验要求的高强度。对照班体育课没有进行专门的体能
练习，所以无体能练习强度的监控结果。

3.2.2 对青少年体成分的影响结果

3.2.2.1 对青少年 PBF 的影响结果

采用描述性统计得出 6 个实验班和 1 个对照班男生、女生和全班（男 + 女）
前测、后测的 PBF 均值与标准差，见表 3 - 5。

表 3 - 5 各班级学生 PBF 描述性统计

性别	班级	人数	前测		后测	
			M	SD	M	SD
男	实验 1 班	19	15.70	8.70	15.54	8.36
	实验 2 班	19	14.82	6.65	14.70	6.27
	实验 3 班	18	15.38	5.61	14.99	5.28
	实验 4 班	16	14.28	5.29	13.89	4.81
	实验 5 班	18	14.83	6.16	14.57	5.85
	实验 6 班	19	15.57	7.97	15.30	7.63
	对照班	17	15.18	6.65	15.17	6.43

续表

性别	班级	人数	前测		后测	
			M	SD	M	SD
女	实验 1 班	16	17.40	6.22	17.23	5.95
	实验 2 班	16	17.21	4.30	16.96	4.08
	实验 3 班	17	17.65	7.49	17.21	6.93
	实验 4 班	19	17.52	5.46	17.10	5.14
	实验 5 班	19	17.06	5.60	16.88	5.45
	实验 6 班	18	17.12	6.15	16.96	5.97
	对照班	18	17.65	6.85	17.57	6.56
男 + 女	实验 1 班	35	16.47	7.61	16.31	7.30
	实验 2 班	35	15.91	5.75	15.73	5.43
	实验 3 班	35	16.48	6.59	16.07	6.15
	实验 4 班	35	16.04	5.55	15.63	5.18
	实验 5 班	37	15.97	5.91	15.75	5.69
	实验 6 班	37	16.32	7.09	16.11	6.83
	对照班	35	16.45	6.77	16.40	6.52

前测结果显示，各班级男生的 PBF 均值在 14.28 ~ 15.70，女生的 PBF 均值在 17.06 ~ 17.65，女生的体脂含量一般高于男生的体脂含量。统计分析结果显示，部分班级的 PBF 在前测时就存在差异，所以通过"后测 – 前测"得出 PBF 进步幅度，进行各班级进步幅度的单因素方差分析，来反映各班级进步幅度是否存在显著性差异。结果显示，各班级男、女生的 PBF 都出现了下降，其中下降最为明显的是实验 3 班和实验 4 班，其次是实验 5 班和实验 6 班，再其次是实验 2 班和实验 1 班，最后是对照班。

单因素方差分析结果（LSD）表明（$F = 3.94$，$P < 0.01$），不同班级之间 PBF 的进步幅度存在显著性差异（表 3 – 6），实验 2 班和实验 1 班 PBF 的进步幅度与对照班 PBF 的进步幅度没有显著性差异，实验 3 班、实验 4 班、实验 5 班和实验 6 班（按进步幅度均值排序，下同）PBF 的进步幅度显著高于对照班的进步幅度，且实验 3 班和实验 4 班 PBF 的进步幅度均显著高于实验 5 班和实验 6 班的进步幅度。实验 3 班 PBF 的进步幅度和实验 4 班 PBF 的进步幅度没有显著性差异。

表3-6 PBF进步幅度的后续检验

班级	班级	均值差	显著性 P
实验1班	实验2班	0.023	0.81
	实验3班	0.251	0.01
	实验4班	0.249	0.01
	实验5班	0.059	0.53
	实验6班	0.056	0.55
	对照班	−0.114	0.23
实验2班	实验3班	0.229	0.08
	实验4班	0.226	0.02
	实验5班	0.036	0.70
	实验6班	0.033	0.72
	对照班	−0.137	0.15
实验3班	实验4班	−0.003	0.98
	实验5班	−0.193	0.04
	实验6班	−0.195	0.04
	对照班	−0.366	0.00
实验4班	实验5班	−0.190	0.04
	实验6班	−0.192	0.04
	对照班	−0.363	0.00
实验5班	实验6班	−0.003	0.98
	对照班	−0.173	0.07
实验6班	对照班	−0.171	0.07

进一步采用3（时间）×2（强度）双因素方差分析，探讨是练习时间、练习强度抑或是可能存在的时间与强度交互作用，导致了实验班之间的效果差异。

双因素方差分析结果表明（表3-7），练习时间的主效应显著，练习强度、时间与强度交互作用的效应均不显著。各实验班PBF的进步幅度的差异主要是运动技能和体能组合练习的时间差异造成的。实验3班和实验4班PBF的进步幅度显著高于实验5班和实验6班的进步幅度，主要是由于实验3班和实验4班进行的20 min运动技能和10 min体能组合练习的时间搭配好，所产生的效果好于实验5

班和实验 6 班进行的 15 min 运动技能和 15 min 体能组合练习的效果。实验 3 班 PBF 的进步幅度显著高于实验 6 班的进步幅度，虽然实验 3 班和实验 6 班在练习时间和练习强度上都有差异，但主要是练习时间的差异造成了 PBF 的进步幅度的差异，练习强度和强度与时间交互作用的影响效应不明显。

表 3 – 7　PBF 进步幅度的主体间效应检验

源	Ⅲ型平方和	df	均方	F	P
校正模型	2.261	5	0.452	2.744	0.02
截距	15.169	1	15.169	92.057	0.00
时间	2.251	2	1.126	6.831	0.00
强度	0.002	1	0.002	0.011	0.91
时间×强度	0.008	2	0.004	0.023	0.97

3.2.2.2　对青少年 WHR 的影响结果

除了选取 PBF，还选取了 WHR 作为体成分的测评指标。采用描述性统计，得出各班级男生、女生和全班（男＋女）的前测、后测 WHR 均值与标准差，见表 3 – 8。与其他指标有所不同，WHR 的数值较小，所以 WHR 均值和标准差都保留了 3 位小数。

表 3 – 8　各班级学生 WHR 描述性统计

性别	班级	人数	前测		后测	
			M	SD	M	SD
男	实验 1 班	19	0.818	0.021	0.817	0.018
	实验 2 班	19	0.808	0.026	0.805	0.028
	实验 3 班	18	0.807	0.032	0.802	0.026
	实验 4 班	16	0.812	0.016	0.806	0.017
	实验 5 班	18	0.813	0.021	0.809	0.020
	实验 6 班	19	0.811	0.018	0.807	0.017
	对照班	17	0.810	0.016	0.809	0.017

性别	班级	人数	前测		后测	
			M	*SD*	*M*	*SD*
女	实验 1 班	16	0.770	0.038	0.767	0.028
	实验 2 班	16	0.755	0.023	0.752	0.024
	实验 3 班	17	0.769	0.029	0.759	0.031
	实验 4 班	19	0.750	0.036	0.744	0.036
	实验 5 班	19	0.760	0.027	0.752	0.028
	实验 6 班	18	0.756	0.018	0.752	0.022
	对照班	18	0.763	0.037	0.762	0.034
男 + 女	实验 1 班	35	0.796	0.038	0.794	0.034
	实验 2 班	35	0.784	0.037	0.781	0.037
	实验 3 班	35	0.788	0.036	0.781	0.035
	实验 4 班	35	0.779	0.042	0.773	0.042
	实验 5 班	37	0.786	0.036	0.780	0.038
	实验 6 班	37	0.784	0.033	0.780	0.034
	对照班	35	0.786	0.037	0.785	0.036

前测结果显示，各班级男生的 WHR 均值在 0.807～0.818，女生的 WHR 均值在 0.750～0.770，男生的 WHR 一般高于女生的 WHR。通过"后测 – 前测"得出 WHR 的进步幅度，结果显示，各班级男、女生的 WHR 都出现了下降，其中，下降最为明显的是实验 3 班和实验 4 班，其次是实验 5 班和实验 6 班。

单因素方差分析结果（LSD）表明，不同班级之间 WHR 的进步幅度不存在显著性差异（$F = 1.48$，$P = 0.185 > 0.05$），见表 3 – 9。

表 3-9 WHR 进步幅度的后续检验

班级	班级	均值差	显著性 P
实验 1 班	实验 2 班	0.001	0.75
	实验 3 班	0.005	0.06
	实验 4 班	0.004	0.13
	实验 5 班	0.003	0.20
	实验 6 班	0.002	0.54
	对照班	−0.001	0.64
实验 2 班	实验 3 班	0.004	0.12
	实验 4 班	0.003	0.23
	实验 5 班	0.002	0.34
	实验 6 班	0.001	0.77
	对照班	−0.002	0.43
实验 3 班	实验 4 班	−0.001	0.70
	实验 5 班	−0.002	0.52
	实验 6 班	−0.003	0.19
	对照班	−0.006	0.05
实验 4 班	实验 5 班	−0.001	0.79
	实验 6 班	−0.002	0.36
	对照班	−0.005	0.06
实验 5 班	实验 6 班	−0.002	0.50
	对照班	−0.004	0.08
实验 6 班	对照班	−0.003	0.28

3（时间）×2（强度）双因素方差分析结果表明（表 3-10），练习时间与练习强度的主效应不显著，时间与强度交互作用的效应也不显著。研究表明，6 个实验班进行的不同时间与强度的运动技能和体能组合练习降低青少年 WHR 的效果不明显。

表 3 - 10 WHR 进步幅度的主体间效应检验

源	Ⅲ型平方和	df	均方	F	P
校正模型	0.001	5	0.001	1.079	0.37
截距	0.005	1	0.005	39.955	0.00
时间	0.001	2	0.001	2.355	0.10
强度	1.968	1	1.968	0.173	0.68
时间×强度	5.702	2	2.851	0.250	0.78

3.2.3 对青少年肌肉力量的影响结果

3.2.3.1 对青少年握力的影响结果

选取握力作为上肢肌肉力量的测评指标。采用描述性统计，得出各班级男生、女生和全班（男＋女）的前测、后测握力均值与标准差，见表 3 - 11。

表 3 - 11 各班级学生握力描述性统计

性别	班级	人数	前测（kg）		后测（kg）	
			M	SD	M	SD
男	实验 1 班	19	23.71	3.60	25.41	3.48
	实验 2 班	19	22.09	2.64	24.19	3.01
	实验 3 班	18	22.06	2.71	25.32	2.30
	实验 4 班	16	22.56	2.42	24.63	2.33
	实验 5 班	18	22.46	2.61	24.20	2.63
	实验 6 班	19	22.87	3.11	24.05	2.97
	对照班	17	22.57	2.82	23.55	2.50

性别	班级	人数	前测（kg）		后测（kg）	
			M	*SD*	*M*	*SD*
女	实验1班	16	18.92	2.89	21.02	3.21
	实验2班	16	19.19	2.34	21.53	2.35
	实验3班	17	19.29	2.41	22.90	2.19
	实验4班	19	18.58	1.31	21.30	1.66
	实验5班	19	18.83	2.65	21.05	2.51
	实验6班	18	18.96	1.53	20.55	1.32
	对照班	18	18.63	2.74	20.08	2.69
男+女	实验1班	35	21.52	4.05	23.40	3.99
	实验2班	35	20.77	2.87	22.97	3.00
	实验3班	35	20.72	2.90	24.14	2.53
	实验4班	35	20.39	2.75	22.82	2.58
	实验5班	37	20.60	3.18	22.58	2.99
	实验6班	37	20.96	3.14	22.35	2.89
	对照班	35	20.54	3.39	21.77	3.11

前测结果显示，各班级男生的握力均值在22.06~23.71 kg，女生的握力均值在18.58~19.29 kg，男生的握力一般高于女生的握力。通过"后测－前测"得出握力进步幅度，结果显示，在身体发育和体育课干预的作用下，各班级学生的握力都有所提高，但实验班握力的进步幅度明显高于对照班的进步幅度。通过单因素方差分析，探讨各班级握力的进步幅度是否存在显著性差异。

单因素方差分析结果表明，不同班级握力的进步幅度存在显著性差异（$F = 25.21$，$P < 0.01$）。除实验6班外，实验3班、实验4班、实验2班、实验5班和实验1班（按进步幅度均值排序）握力的进步幅度显著高于对照班的进步幅度，且实验3班握力的进步幅度显著高于其他4个实验班的进步幅度，见表3－12。

表 3 - 12   握力进步幅度的后续检验

班级	班级	均值差	显著性 P
实验 1 班	实验 2 班	- 0.322	0.12
	实验 3 班	- 1.546	0.00
	实验 4 班	- 0.550	0.01
	实验 5 班	- 0.106	0.60
	实验 6 班	0.496	0.02
	对照班	0.656	0.00
实验 2 班	实验 3 班	- 1.223	0.00
	实验 4 班	- 0.227	0.27
	实验 5 班	0.216	0.29
	实验 6 班	0.819	0.00
	对照班	0.979	0.00
实验 3 班	实验 4 班	0.996	0.00
	实验 5 班	1.439	0.00
	实验 6 班	2.042	0.00
	对照班	2.201	0.00
实验 4 班	实验 5 班	0.444	0.03
	实验 6 班	1.046	0.00
	对照班	1.206	0.00
实验 5 班	实验 6 班	0.603	0.00
	对照班	0.762	0.00
实验 6 班	对照班	0.160	0.44

3（时间）×2（强度）双因素方差分析结果（LSD）表明（表 3 - 13），练习时间和练习强度的主效应显著，时间与强度交互作用的效应也显著。实验 3 班握力的进步幅度显著高于实验 4 班、实验 2 班、实验 5 班和实验 1 班的进步幅度，这其中既有练习时间和练习强度的影响，也有练习时间与强度交互作用的影响。

表 3 - 13　握力进步幅度的主体间效应检验

源	Ⅲ型平方和	df	均方	F	P
校正模型	84.341	5	16.868	21.292	0.00
截距	152.189	1	152.189	128.110	0.00
时间	58.447	2	29.223	36.887	0.00
强度	9.665	1	9.665	12.200	0.01
时间×强度	16.071	2	8.036	10.143	0.00

3.2.3.2　对青少年立定跳远的影响结果

选取立定跳远作为下肢肌肉力量的测评指标。采用描述性统计，得出各班级男生、女生和全班立定跳远的前测、后测均值与标准差，见表 3 - 14。

表 3 - 14　各班级学生立定跳远描述性统计

性别	班级	人数	前测（m）		后测（m）	
			M	SD	M	SD
男	实验1班	19	1.73	0.16	1.76	0.16
	实验2班	19	1.73	0.13	1.76	0.14
	实验3班	18	1.77	0.15	1.81	0.15
	实验4班	16	1.72	0.13	1.78	0.13
	实验5班	18	1.78	0.14	1.80	0.14
	实验6班	19	1.67	0.14	1.71	0.14
	对照班	17	1.66	0.17	1.68	0.19
女	实验1班	16	1.44	0.14	1.46	0.15
	实验2班	16	1.55	0.15	1.58	0.14
	实验3班	17	1.55	0.13	1.62	0.11
	实验4班	19	1.48	0.15	1.56	0.15
	实验5班	19	1.52	0.15	1.56	0.15
	实验6班	18	1.49	0.17	1.53	0.16
	对照班	18	1.51	0.17	1.53	0.17

续表

性别	班级	人数	前测（m）		后测（m）	
			M	SD	M	SD
男＋女	实验 1 班	35	1.60	0.21	1.62	0.21
	实验 2 班	35	1.65	0.17	1.68	0.16
	实验 3 班	35	1.66	0.18	1.72	0.16
	实验 4 班	35	1.59	0.18	1.66	0.18
	实验 5 班	37	1.64	0.19	1.68	0.19
	实验 6 班	37	1.59	0.18	1.63	0.18
	对照班	35	1.58	0.18	1.60	0.18

前测结果显示，各班级男生立定跳远的均值在 1.66～1.78 m，女生立定跳远的均值在 1.44～1.55 m，男生的立定跳远成绩一般高于女生。通过"后测－前测"得出立定跳远的进步幅度，结果显示，在身体发育和体育课干预的作用下，各班级学生的立定跳远成绩都有所提高，相比而言，实验 4 班、实验 3 班、实验 5 班和实验 6 班的进步幅度明显高于对照班的进步幅度。通过单因素方差分析，探讨各班级立定跳远的进步幅度是否存在显著性差异。

单因素方差分析结果表明，不同班级立定跳远的进步幅度存在显著性差异（$F = 11.71$，$P < 0.01$）。除实验 1 班和实验 2 班外，实验 4 班、实验 3 班、实验 6 班和实验 5 班（按进步幅度均值排序）立定跳远的进步幅度显著高于对照班的进步幅度，且实验 4 班和实验 3 班的进步幅度显著高于实验 6 班和实验 5 班的进步幅度，实验 4 班立定跳远的进步幅度与实验 3 班的进步幅度没有显著性差异，见表 3 - 15。

表 3 - 15　立定跳远进步幅度的后续检验

班级	班级	均值差	显著性 P
实验 1 班	实验 2 班	- 0.002	0.79
	实验 3 班	- 0.035	0.00
	实验 4 班	- 0.045	0.00
	实验 5 班	- 0.014	0.07
	实验 6 班	- 0.017	0.02
	对照班	0.002	0.79
实验 2 班	实验 3 班	- 0.033	0.00
	实验 4 班	- 0.043	0.00
	实验 5 班	- 0.011	0.12
	实验 6 班	- 0.015	0.04
	对照班	0.004	0.60
实验 3 班	实验 4 班	- 0.010	0.18
	实验 5 班	0.021	0.00
	实验 6 班	0.018	0.02
	对照班	0.037	0.00
实验 4 班	实验 5 班	0.032	0.00
	实验 6 班	0.028	0.00
	对照班	0.047	0.00
实验 5 班	实验 6 班	- 0.004	0.63
	对照班	0.016	0.04
实验 6 班	对照班	0.019	0.01

　　3（时间）×2（强度）双因素方差分析结果（LSD）表明（表 3 - 16），练习时间的主效应显著，练习强度、时间与强度交互作用的效应均不显著。实验 4 班和实验 3 班立定跳远的进步幅度均显著高于实验 6 班和实验 5 班，主要是练习时间的不同造成的，实验 3 班和实验 4 班进行的 20 min 运动技能和 10 min 体能组合练习的时间搭配好，所产生的效果好于实验 5 班和实验 6 班进行的 15 min 运动技能和 15 min 体能组合练习的效果。实验 3 班立定跳远的进步幅度显著高于实验 6 班的进步幅度，虽然实验 3 班和实验 6 班在练习时间和练习强度上都有差异，但主要是练

习时间差异造成了进步幅度的差异，练习强度和强度与时间交互作用的影响效应不明显。

表 3 - 16　立定跳远进步幅度的主体间效应检验

源	Ⅲ型平方和	df	均方	F	P
校正模型	0.057	5	0.011	10.236	0.00
截距	0.363	1	0.363	322.960	0.00
时间	0.055	2	0.028	24.633	0.00
强度	0.001	1	0.001	1.320	0.25
时间×强度	0.001	2	0.001	0.305	0.74

3.2.4　对青少年肌肉耐力的影响结果

选取 1 min 仰卧起坐作为肌肉耐力的测评指标。采用描述性统计，得出各班级男生、女生和全班（男 + 女）1 min 仰卧起坐的前测、后测均值与标准差，见表 3 - 17。

表 3 - 17　各班级学生 1 min 仰卧起坐描述性统计

性别	班级	人数	前测（次）		后测（次）	
			M	SD	M	SD
男	实验 1 班	19	37.05	4.34	38.84	3.93
	实验 2 班	19	34.53	3.57	36.79	5.17
	实验 3 班	18	34.50	3.62	39.44	5.00
	实验 4 班	16	33.75	2.98	38.19	4.10
	实验 5 班	18	34.94	3.33	36.61	3.15
	实验 6 班	19	34.68	3.59	35.68	3.00
	对照班	17	35.29	3.44	35.76	3.82

性别	班级	人数	前测（次）		后测（次）	
			M	SD	M	SD
女	实验1班	16	23.50	7.88	25.38	6.94
	实验2班	16	25.50	9.34	26.25	8.00
	实验3班	17	22.82	7.13	24.41	6.24
	实验4班	19	22.79	6.37	24.89	6.42
	实验5班	19	23.21	6.21	24.74	6.30
	实验6班	18	24.11	7.31	26.11	7.20
	对照班	18	23.33	8.17	23.61	8.12
男＋女	实验1班	35	30.86	9.18	32.69	8.70
	实验2班	35	30.40	8.13	31.97	8.41
	实验3班	35	28.83	8.09	32.14	9.43
	实验4班	35	27.80	7.49	30.97	8.62
	实验5班	37	28.92	7.74	30.51	7.79
	实验6班	37	29.54	7.77	31.03	7.25
	对照班	35	29.14	8.70	29.51	8.82

前测结果显示，各班级男生 1 min 仰卧起坐均值在 33.75～37.05 次，女生 1 min仰卧起坐均值在 22.79～25.50 次。通过"后测－前测"得出 1 min 仰卧起坐的进步幅度，结果显示，各班级都取得了一定的进步，但相比而言，6 个实验班的进步幅度更为明显。通过单因素方差分析，探讨各班级 1 min 仰卧起坐的进步幅度是否存在显著性差异。

单因素方差分析结果（LSD）表明，不同班级 1 min 仰卧起坐的进步幅度存在显著性差异（$F=6.98$，$P<0.01$）。6 个实验班 1 min 仰卧起坐的进步幅度显著高于对照班的进步幅度，其中实验 3 班和实验 4 班的进步幅度显著高于其他 4 个实验班的进步幅度，实验 3 班的进步幅度与实验 4 班的进步幅度没有显著性差异，见表 3 – 18。

表 3 – 18 1 min 仰卧起坐进步幅度的后续检验

班级	班级	均值差	显著性 P
实验 1 班	实验 2 班	0.257	0.64
	实验 3 班	− 1.486	0.01
	实验 4 班	− 1.343	0.02
	实验 5 班	0.234	0.67
	实验 6 班	0.342	0.53
	对照班	1.457	0.01
实验 2 班	实验 3 班	− 1.743	0.00
	实验 4 班	− 1.600	0.00
	实验 5 班	− 0.023	0.97
	实验 6 班	0.085	0.88
	对照班	1.200	0.03
实验 3 班	实验 4 班	0.143	0.80
	实验 5 班	1.720	0.00
	实验 6 班	1.828	0.00
	对照班	2.943	0.00
实验 4 班	实验 5 班	1.577	0.00
	实验 6 班	1.685	0.00
	对照班	2.800	0.00
实验 5 班	实验 6 班	0.108	0.84
	对照班	1.223	0.03
实验 6 班	对照班	1.115	0.04

3（时间）×2（强度）双因素方差分析结果表明（表 3 – 19），练习时间的主效应显著，练习强度、时间与强度交互作用的效应均不显著。各实验班 1 min 仰卧起坐进步幅度的差异主要是运动技能和体能组合练习的时间差异造成的。实验 3 班和实验 4 班 1 min 仰卧起坐的进步幅度显著高于其他 4 个实验班的进步幅度，主要是实验 3 班和实验 4 班进行的 20 min 运动技能和 10 min 体能组合练习的时间搭配好，所产生的效果好于实验 1 班和实验 2 班进行的 25 min 运动技能和 5 min 体能组合练习，也好于实验 5 班和实验 6 班进行的 15 min 运动技能和 15 min 体能组合练

习。实验 3 班 1 min 仰卧起坐的进步幅度显著高于实验 6 班的进步幅度，虽然实验 3 班和实验 6 班在练习时间和练习强度上都有差异，但主要是练习时间的差异造成了进步幅度的差异，练习强度和强度与时间交互作用的影响效应不明显。

表 3 – 19　1 min 仰卧起坐进步幅度的主体间效应检验

源	Ⅲ 型平方和	df	均方	F	P
校正模型	126. 996	5	25. 399	4. 446	0. 00
截距	998. 800	1	998. 800	174. 842	0. 00
时间	125. 265	2	62. 633	10. 964	0. 00
强度	1. 534	1	1. 534	0. 268	0. 61
时间 × 强度	0. 216	2	0. 108	0. 019	0. 98

3.2.5　对青少年心肺功能的影响结果

3.2.5.1　对青少年肺活量的影响结果

采用描述性统计，得出各班男生、女生和全班（男＋女）肺活量的前测、后测均值与标准差，见表 3 – 20。

表 3 – 20　各班级学生肺活量描述性统计

性别	班级	人数	前测（mL）		后测（mL）	
			M	SD	M	SD
	实验 1 班	19	2981. 79	520. 73	3073. 74	492. 52
	实验 2 班	19	2696. 16	480. 55	2797. 47	491. 37
	实验 3 班	18	2639. 33	402. 91	2738. 72	350. 79
男	实验 4 班	16	2560. 81	568. 45	2720. 50	584. 63
	实验 5 班	18	2807. 78	546. 33	2889. 28	511. 21
	实验 6 班	19	2759. 00	603. 13	2865. 11	611. 76
	对照班	17	2750. 29	443. 94	2807. 82	409. 30

续表

性别	班级	人数	前测（mL）		后测（mL）	
			M	SD	M	SD
女	实验 1 班	16	1994.38	596.53	2068.44	568.02
	实验 2 班	16	2127.69	563.42	2205.13	558.02
	实验 3 班	17	1808.65	506.13	1958.88	474.79
	实验 4 班	19	1842.58	428.84	1954.11	419.40
	实验 5 班	19	1811.89	484.44	1958.42	409.59
	实验 6 班	18	1788.11	521.73	1922.89	514.85
	对照班	18	2091.83	386.66	2161.06	345.39
男 + 女	实验 1 班	35	2530.40	741.36	2614.17	727.28
	实验 2 班	35	2436.29	587.25	2526.69	595.68
	实验 3 班	35	2235.86	615.76	2359.94	569.20
	实验 4 班	35	2170.91	609.68	2304.46	627.66
	实验 5 班	37	2296.38	716.20	2411.27	655.57
	实验 6 班	37	2286.68	743.27	2406.73	735.01
	对照班	35	2411.66	528.19	2475.20	496.03

前测结果显示，各班男生肺活量均值在 2560.81 ~ 2981.79 mL，女生肺活量均值在 1788.11 ~ 2127.69 mL。通过"后测 – 前测"得出的肺活量进步幅度，结果显示，在身体发育和体育课干预的作用下，各班肺活量都有所提高。通过单因素方差分析，探讨各班肺活量进步幅度是否存在显著性差异。

单因素方差分析结果（LSD）表明，不同班肺活量的进步幅度存在显著性差异（$F = 2.22$，$P < 0.05$）。除实验 1 班和实验 2 班外，实验 4 班、实验 3 班、实验 6 班和实验 5 班（按进步幅度均值排序）肺活量的进步幅度显著高于对照班的进步幅度，且 4 个实验班的进步幅度没有显著性差异，见表 3 – 21。

表 3-21　肺活量进步幅度的后续检验

班级	班级	均值差	显著性 P
实验 1 班	实验 2 班	-6.629	0.79
	实验 3 班	-40.314	0.10
	实验 4 班	-49.771	0.04
	实验 5 班	-31.120	0.19
	实验 6 班	-36.283	0.13
	对照班	20.229	0.40
实验 2 班	实验 3 班	6.629	0.79
	实验 4 班	-33.686	0.17
	实验 5 班	-43.143	0.08
	实验 6 班	-24.492	0.31
	对照班	-29.654	0.22
实验 3 班	实验 4 班	-9.457	0.69
	实验 5 班	9.194	0.70
	实验 6 班	4.032	0.87
	对照班	60.543	0.01
实验 4 班	实验 5 班	18.651	0.44
	实验 6 班	13.489	0.57
	对照班	70.000	0.00
实验 5 班	实验 6 班	-5.162	0.83
	对照班	51.349	0.03
实验 6 班	对照班	56.511	0.02

　　3（时间）×2（强度）双因素方差分析结果表明（表 3-22），练习时间的主效应显著，练习强度、时间与强度交互作用的效应均不显著。实验 4 班、实验 3 班、实验 6 班和实验 5 班肺活量的进步幅度显著高于实验 1 班和实验 2 班的进步幅度，主要是因为进步幅度高的 4 个实验班进行的运动技能和体能组合练习的时间搭配好，20 min 运动技能和 10 min 体能组合练习、15 min 运动技能和 15 min 体能组合练习的时间搭配效果要好于 25 min 运动技能和 5 min 体能组合练习的效果。实验 4 班、实验 3 班、实验 6 班和实验 5 班肺活量的进步幅度没有显著性差异，表明 20

min 运动技能和 10 min 体能组合练习提高肺活量的效果与 15 min 运动技能和 15 min 体能组合练习的效果相似，没有根本性的区别。虽然进步幅度高的 4 个实验班在体能练习强度上与实验 1 班和实验 2 班有差异，但练习强度的影响效应不显著。

表 3 - 22　肺活量进步幅度的主体间效应检验

源	Ⅲ型平方和	df	均方	F	P
校正模型	68161.905	5	13632.381	1.359	0.24
截距	2640791.067	1	2640791.067	263.326	0.00
时间	65334.847	2	32667.424	3.257	0.04
强度	2681.911	1	2681.911	0.267	0.61
时间×强度	170.441	2	85.221	0.008	0.99

3.2.5.2　对青少年 1000 m 跑（男）/800 m 跑（女）的影响结果

采用描述性统计，得出各班男生 1000 m 跑的前测、后测均值与标准差，女生 800 m 跑的前测、后测均值与标准差，见表 3 - 23。

表 3 - 23　各班级学生 1000 m 跑（男）/800 m 跑（女）描述性统计

性别	班级	人数	前测（s）		后测（s）	
			M	SD	M	SD
男	实验 1 班	19	278.63	27.92	275.89	27.58
	实验 2 班	19	277.47	24.63	274.58	23.86
	实验 3 班	18	280.39	21.16	271.17	21.23
	实验 4 班	16	284.81	22.82	279.06	22.97
	实验 5 班	18	284.17	23.97	277.83	23.98
	实验 6 班	19	287.16	22.42	282.26	22.19
	对照班	17	281.24	30.70	278.82	29.60

性别	班级	人数	前测（s）		后测（s）	
			M	SD	M	SD
女	实验1班	16	276.25	27.32	272.19	27.39
	实验2班	16	285.13	24.27	283.06	23.78
	实验3班	17	283.06	16.63	274.00	16.24
	实验4班	19	282.16	29.94	276.95	26.56
	实验5班	19	287.37	17.72	281.11	16.35
	实验6班	18	288.39	30.78	284.94	31.03
	对照班	18	285.94	19.77	284.44	19.53

前测结果显示，各班级男生1000 m跑均值在277.47~287.16 s，女生800 m跑均值在276.25~288.39 s。通过"后测–前测"得出1000 m跑（男）/800 m跑（女）的进步幅度，结果显示，各班级都有一定的进步。通过单因素方差分析，探讨各班级肺活量的进步幅度是否存在显著性差异。

单因素方差分析结果（LSD）表明，不同班级男生1000 m跑的进步幅度存在显著性差异（$F = 10.05$，$P < 0.01$）。除实验1班和实验2班外，实验3班、实验5班、实验4班和实验6班（按进步幅度均值排序）1000 m跑的进步幅度显著高于对照班的进步幅度，且实验3班的进步幅度显著高于实验5班、实验4班和实验6班的进步幅度，见表3–24。

表3–24　1000 m跑（男）进步幅度的后续检验

班级	班级	均值差	显著性P
实验1班	实验2班	0.158	0.88
	实验3班	6.485	0.00
	实验4班	3.013	0.01
	实验5班	3.596	0.00
	实验6班	2.158	0.04
	对照班	−0.325	0.77

续表

班级	班级	均值差	显著性 P
实验 2 班	实验 3 班	6.327	0.00
	实验 4 班	2.855	0.01
	实验 5 班	3.439	0.00
	实验 6 班	2.000	0.06
	对照班	-0.483	0.66
实验 3 班	实验 4 班	-3.472	0.00
	实验 5 班	-2.889	0.01
	实验 6 班	-4.327	0.00
	对照班	-6.810	0.00
实验 4 班	实验 5 班	0.583	0.61
	实验 6 班	-0.855	0.45
	对照班	-3.338	0.00
实验 5 班	实验 6 班	-1.439	0.19
	对照班	-3.922	0.00
实验 6 班	对照班	-2.483	0.03

　　3（时间）×2（强度）双因素方差分析结果表明（表 3-25），练习时间和练习强度的主效应显著，时间与强度交互作用的效应不显著。实验 3 班 1000 m 跑的进步幅度显著高于实验 5 班、实验 4 班和实验 6 班的进步幅度，既有运动技能和体能组合练习的时间影响，也有体能练习的强度影响。实验 3 班与实验 5 班的体能练习强度相同，都是中等强度，2 个班级进步幅度的差异主要是由于实验 3 班进行的 20 min 运动技能和 10 min 体能组合练习的时间搭配好，其产生的效果好于实验 5 班进行的 15 min 运动技能和 15 min 体能组合练习的效果。

表 3-25　1000 m 跑（男）进步幅度的主体间效应检验

源	Ⅲ型平方和	df	均方	F	P
校正模型	536.938	5	107.388	9.238	0.00
截距	3056.562	1	3056.562	262.930	0.00

源	Ⅲ型平方和	df	均方	F	P
时间	399.384	2	199.692	17.178	0.00
强度	68.144	1	68.144	5.862	0.02
时间×强度	59.089	2	29.544	2.541	0.08

实验 3 班与实验 4 班组合练习的时间相同，都是 20 min 运动技能和 10 min 体能组合练习，2 个班级 1000 m 跑的进步幅度的差异主要是由于实验 3 班进行的中等强度体能练习更加适宜，其产生的效果好于实验 4 班进行的高强度体能练习。实验 3 班 1000 m 跑的进步幅度显著高于实验 6 班，受到练习时间和练习强度的双重影响，实验 3 班进行的 20 min 运动技能和 10 min 体能组合练习的时间搭配好，其产生的效果好于实验 6 班进行的 15 min 运动技能和 15 min 体能组合练习，且实验 3 班进行的中等强度体能练习的效果也好于实验 6 班进行的高强度体能练习的效果。在 1000 m 跑（男）指标上，中等强度体能练习的效果要好于高强度体能练习的效果。研究结果提示，并不是体能练习的强度越高越有利于青少年心肺功能的发展。

方差分析结果（LSD）表明，不同班级女生 800 m 跑的进步幅度存在显著性差异（$F = 6.72$，$P < 0.01$）。除实验 1 班和实验 2 班外，实验 3 班、实验 5 班、实验 4 班和实验 6 班（按进步幅度均值排序）800 m 跑（女）的进步幅度显著高于对照班 800 m 跑的进步幅度，且实验 3 班的进步幅度显著高于实验 5 班、实验 4 班和实验 6 班的进步幅度，见表 3 - 26。

表 3 - 26　800 m 跑（女）进步幅度的后续检验

班级	班级	均值差	显著性 P
实验 1 班	实验 2 班	-2.000	0.18
	实验 3 班	4.996	0.00
	实验 4 班	1.148	0.42
	实验 5 班	2.201	0.12
	实验 6 班	-0.618	0.67
	对照班	-2.563	0.08

班级	班级	均值差	显著性 P
实验 2 班	实验 3 班	6.996	0.00
	实验 4 班	3.148	0.03
	实验 5 班	4.201	0.00
	实验 6 班	1.382	0.34
	对照班	-0.563	0.70
实验 3 班	实验 4 班	-3.848	0.01
	实验 5 班	-2.796	0.04
	实验 6 班	-5.614	0.00
	对照班	-7.559	0.00
实验 4 班	实验 5 班	1.053	0.44
	实验 6 班	-1.766	0.20
	对照班	-3.711	0.01
实验 5 班	实验 6 班	-2.819	0.04
	对照班	-4.763	0.00
实验 6 班	对照班	-1.944	0.17

　　3（时间）×2（强度）双因素方差分析结果表明（表 3 - 27），练习时间与练习强度的主效应显著，但时间与强度交互作用的效应不显著。实验 3 班 800 m 跑的进步幅度显著高于实验 5 班、实验 4 班和实验 6 班的进步幅度，既受到运动技能和体能组合练习的时间影响，也受到了体能练习的强度影响。实验 3 班与实验 5 班的体能练习强度相同，都是中等强度，2 个班级 800 m 跑的进步幅度的差异主要是由于实验 3 班进行的 20 min 运动技能和 10 min 体能组合练习的时间搭配好，其产生的效果好于实验 5 班进行的 15 min 运动技能和 15 min 体能组合练习的效果。

　　实验 3 班与实验 4 班组合练习的时间相同，都是 20 min 运动技能和 10 min 体能组合练习，2 个班级 800 m 跑的进步幅度的差异主要是由于实验 3 班进行的中等强度体能练习更加适宜，其产生的效果好于实验 4 班进行的高强度体能练习的效果。实验 3 班和实验 6 班在练习时间与练习强度上都有差异，实验 3 班 800 m 跑的进步幅度显著高于实验 6 班的进步幅度，2 个班级进步幅度的差异，既有练习时间的影响作用，也有练习强度的影响作用，实验 3 班进行的 20 min 运动技能和

10 min 体能组合练习的时间搭配好，其产生的效果好于实验 6 班进行的 15 min 运动技能和 15 min 体能组合练习的效果，且实验 3 班进行的中等强度体能练习的效果也好于实验 6 班进行的高强度体能练习的效果。在 800 m 跑（女）指标上，中等强度体能练习的效果要好于高强度体能练习的效果。研究结果提示，并不是体能练习的强度越高越有利于青少年心肺功能的发展。

表 3 - 27　800 m 跑（女）进步幅度的主体间效应检验

源	Ⅲ型平方和	df	均方	F	P
校正模型	506.431	5	101.286	5.228	0.00
截距	2629.183	1	2629.183	135.701	0.00
时间	283.647	2	141.823	7.320	0.00
强度	217.957	1	217.957	11.250	0.00
时间×强度	14.598	2	7.299	0.377	0.69

3.2.6　对青少年柔韧素质的影响结果

选取坐位体前屈作为柔韧素质的测评指标。采用描述性统计，得出各班男生、女生和全班坐位体前屈的前测、后测均值与标准差，见表 3 - 28。

表 3 - 28　各班级学生坐位体前屈描述性统计

性别	班级	人数	前测（cm）		后测（cm）	
			M	SD	M	SD
男	实验 1 班	19	6.98	4.20	7.57	3.86
	实验 2 班	19	8.10	2.93	8.81	2.91
	实验 3 班	18	6.81	2.78	7.93	2.54
	实验 4 班	16	7.50	2.49	8.61	2.62
	实验 5 班	18	6.49	3.78	7.58	3.39
	实验 6 班	19	7.17	3.58	8.04	3.18
	对照班	17	6.06	3.78	6.49	3.62

性别	班级	人数	前测（cm）		后测（cm）	
			M	SD	M	SD
女	实验 1 班	16	10.08	6.02	10.71	5.49
	实验 2 班	16	8.68	4.90	9.32	4.78
	实验 3 班	17	9.09	4.90	10.36	4.65
	实验 4 班	19	10.40	3.93	11.47	3.82
	实验 5 班	19	9.50	4.87	10.24	4.60
	实验 6 班	18	9.65	3.00	10.34	2.80
	对照班	18	10.25	4.87	10.40	4.79
男 + 女	实验 1 班	35	8.39	5.27	9.00	4.87
	实验 2 班	35	8.36	3.90	9.04	3.82
	实验 3 班	35	7.92	4.07	9.11	3.86
	实验 4 班	35	9.07	3.61	10.16	3.58
	实验 5 班	37	8.04	4.57	8.94	4.22
	实验 6 班	37	8.38	3.50	9.16	3.18
	对照班	35	8.21	4.81	8.50	4.65

前测结果显示，各班级男生坐位体前屈均值在 6.06 ~ 8.10 cm，女生坐位体前屈均值在 8.68 ~ 10.40 cm。通过"后测 – 前测"得出坐位体前屈的进步幅度，结果显示，各班级都有一定的进步，相比而言，实验 3 班、实验 4 班、实验 5 班和实验 6 班的进步幅度比较明显。通过单因素方差分析，探讨各班级坐位体前屈的进步幅度是否存在显著性差异。

单因素方差分析结果（LSD）表明，不同班级坐位体前屈的进步幅度存在显著性差异（$F = 10.05$，$P < 0.01$）。6 个实验班的进步幅度显著高于对照班的进步幅度，其中实验 3 班和实验 4 班的进步幅度显著高于实验 5 班和实验 6 班的进步幅度，实验 5 班和实验 6 班的进步幅度显著高于实验 1 班和实验 2 班的进步幅度，实验 3 班和实验 4 班的进步幅度没有显著性差异，实验 5 班和实验 6 班的进步幅度没有显著性差异，实验 1 班和实验 2 班的进步幅度没有显著性差异，见表 3 – 29。

表3－29　坐位体前屈进步幅度的后续检验

班级	班级	均值差	显著性 P
实验1班	实验2班	－ 0.069	0.62
	实验3班	－ 0.586	0.00
	实验4班	－ 0.480	0.00
	实验5班	－ 0.300	0.03
	实验6班	－ 0.170	0.21
	对照班	0.323	0.02
实验2班	实验3班	－ 0.517	0.00
	实验4班	－ 0.411	0.00
	实验5班	－ 0.231	0.09
	实验6班	－ 0.101	0.46
	对照班	0.391	0.01
实验3班	实验4班	0.106	0.44
	实验5班	0.286	0.04
	实验6班	0.416	0.00
	对照班	0.909	0.00
实验4班	实验5班	0.180	0.18
	实验6班	0.310	0.02
	对照班	0.803	0.00
实验5班	实验6班	0.130	0.33
	对照班	0.622	0.00
实验6班	对照班	0.493	0.00

3（时间）×2（强度）双因素方差分析结果表明（表3－30），练习时间的主效应显著，练习强度、时间与强度交互作用的效应均不显著。实验3班和实验4班坐位体前屈的进步幅度显著高于实验5班和实验6班的进步幅度，实验5班和实验6班的进步幅度显著高于实验1班和实验2班的进步幅度，主要是由于不同班级进行的运动技能和体能组合练习时间的差异造成的。实验3班和实验4班进行的是20 min 运动技能和10 min 体能组合练习，实验5班和实验6班进行的是15 min 运动技能和15 min 体能组合练习，而实验1班和实验2班进行的是25 min 运动技能

和 5 min 体能组合练习。研究表明，在提高柔韧素质的效果上，20 min 运动技能和 10 min 体能组合练习的效果最佳，要好于其他 2 种时间组合方式的效果，15 min 运动技能和 15 min 体能组合练习的效果又要好于 25 min 运动技能和 5 min 体能组合练习的效果。虽然实验 3 班的体能练习强度与实验 2 班和实验 6 班有所不同，但进步幅度的差异主要受练习时间的影响，练习强度的影响作用不显著。

表 3 - 30　坐位体前屈的主体间效应检验

源	Ⅲ型平方和	df	均方	F	P
校正模型	9.405	5	1.881	5.604	0.00
截距	164.047	1	164.047	488.755	0.00
时间	8.816	2	4.408	13.133	0.00
强度	0.165	1	0.165	0.493	0.48
时间×强度	0.415	2	0.208	0.619	0.54

3.2.7　对青少年速度素质的影响结果

选取 50 m 跑作为速度素质的测评指标。采用描述性统计，得出各班男生、女生和全班（男 + 女）50 m 跑的前测、后测均值与标准差，见表 3 - 31。

表 3 - 31　各班级学生 50 m 跑描述性统计

性别	班级	人数	前测（s）		后测（s）	
			M	SD	M	SD
男	实验 1 班	19	9.47	0.50	9.37	0.43
	实验 2 班	19	9.48	0.48	9.37	0.45
	实验 3 班	18	9.19	0.45	8.95	0.43
	实验 4 班	16	9.51	0.76	9.30	0.71
	实验 5 班	18	9.16	0.65	8.96	0.63
	实验 6 班	19	9.23	0.81	9.03	0.76
	对照班	17	9.12	0.77	9.02	0.67

续表

性别	班级	人数	前测（s）		后测（s）	
			M	SD	M	SD
女	实验 1 班	16	10.22	0.90	10.06	0.86
	实验 2 班	16	9.92	0.67	9.76	0.59
	实验 3 班	17	9.90	0.65	9.62	0.62
	实验 4 班	19	10.01	0.74	9.76	0.70
	实验 5 班	19	9.90	0.51	9.67	0.48
	实验 6 班	18	9.84	0.76	9.62	0.65
	对照班	18	9.76	0.70	9.70	0.64
男 + 女	实验 1 班	35	9.81	0.79	9.69	0.74
	实验 2 班	35	9.68	0.61	9.55	0.55
	实验 3 班	35	9.53	0.66	9.27	0.62
	实验 4 班	35	9.78	0.78	9.55	0.73
	实验 5 班	37	9.54	0.69	9.32	0.65
	实验 6 班	37	9.53	0.83	9.32	0.76
	对照班	35	9.45	0.79	9.37	0.73

前测结果显示，各班级男生 50 m 跑均值在 9.12 ~ 9.51 s，女生 50 m 跑均值在 9.76 ~ 10.22 s。通过"后测 − 前测"得出 50 m 跑的进步幅度，结果显示，各班级都有进步，相比而言，实验 3 班、实验 4 班、实验 5 班和实验 6 班的进步幅度较为明显。通过单因素方差分析，探讨各班级 50 m 跑的进步幅度是否存在显著性差异。

单因素方差分析结果（LSD）表明，不同班级 50 m 跑的进步幅度存在显著性差异（$F = 11.15$，$P < 0.01$）。除实验 1 班和实验 2 班外，其他 4 个实验班 50 m 跑的进步幅度显著高于对照班的进步幅度，且 4 个实验班的进步幅度没有显著性差异，见表 3 − 32。

表 3 - 32 50 m 跑进步幅度的后续检验

班级	班级	均值差	显著性 P
实验 1 班	实验 2 班	0.006	0.84
	实验 3 班	0.134	0.00
	实验 4 班	0.106	0.00
	实验 5 班	0.088	0.00
	实验 6 班	0.085	0.00
	对照班	−0.051	0.08
实验 2 班	实验 3 班	0.129	0.00
	实验 4 班	0.100	0.00
	实验 5 班	0.082	0.00
	实验 6 班	0.079	0.01
	对照班	−0.057	0.05
实验 3 班	实验 4 班	−0.029	0.32
	实验 5 班	−0.046	0.10
	实验 6 班	−0.049	0.08
	对照班	−0.186	0.00
实验 4 班	实验 5 班	−0.018	0.53
	实验 6 班	−0.021	0.47
	对照班	−0.157	0.00
实验 5 班	实验 6 班	−0.003	0.92
	对照班	−0.139	0.00
实验 6 班	对照班	−0.137	0.00

3（时间）×2（强度）双因素方差分析结果表明（表 3 - 33），练习时间的主效应显著，练习强度、时间与强度交互作用的效应均不显著。实验 3 班、实验 4 班、实验 5 班和实验 6 班 50 m 跑的进步幅度显著高于实验 1 班和实验 2 班的进步幅度，主要是受到运动技能和体能组合练习的时间影响。研究表明，20 min 运动技能和 10 min 体能组合练习、15 min 运动技能和 15 min 体能组合练习提高青少年 50 m 跑成绩的效果要好于 25 min 运动技能和 5 min 体能组合练习的效果。实验 3 班、实验 4 班、实验 5 班和实验 6 班 50 m 跑的进步幅度没有显著性差异，表明

20 min 运动技能和 10 min 体能组合练习提高青少年 50 m 跑的效果，与 15 min 运动技能和 15 min 体能组合练习的效果相似。实验 3 班与实验 2 班在练习时间与练习强度上都有所不同，但主要是练习时间的不同造成了 2 个实验班的进步幅度的差异，练习强度的影响作用不显著。

表 3 – 33   50 m 跑进步幅度的主体间效应检验

源	Ⅲ型平方和	df	均方	F	P
校正模型	0.526	5	0.105	7.287	0.00
截距	8.172	1	8.172	566.477	0.00
时间	0.511	2	0.255	17.697	0.00
强度	0.004	1	0.004	0.269	0.61
时间 × 强度	0.011	2	0.006	0.388	0.68

3.2.8   对青少年心理健康的影响结果

采用描述性统计，得出各班级男生、女生和全班心理健康的前测、后测均值与标准差，见表 3 – 34。

表 3 – 34   各班级学生心理健康描述性统计

性别	班级	人数	前测（分）		后测（分）	
			M	SD	M	SD
男	实验 1 班	19	3.41	0.37	3.55	0.29
	实验 2 班	19	3.33	0.35	3.49	0.31
	实验 3 班	18	3.33	0.31	3.50	0.29
	实验 4 班	16	3.20	0.24	3.33	0.23
	实验 5 班	18	3.14	0.29	3.33	0.27
	实验 6 班	19	3.34	0.48	3.49	0.44
	对照班	17	3.14	0.35	3.35	0.31

性别	班级	人数	前测（分）		后测（分）	
			M	SD	M	SD
女	实验1班	16	3.23	0.38	3.39	0.34
	实验2班	16	3.33	0.30	3.50	0.27
	实验3班	17	3.28	0.24	3.44	0.23
	实验4班	19	3.27	0.39	3.42	0.34
	实验5班	19	3.25	0.34	3.41	0.32
	实验6班	18	3.40	0.34	3.59	0.30
	对照班	18	3.32	0.33	3.51	0.32
男+女	实验1班	35	3.32	0.38	3.48	0.32
	实验2班	35	3.33	0.32	3.50	0.29
	实验3班	35	3.31	0.28	3.47	0.26
	实验4班	35	3.24	0.33	3.38	0.30
	实验5班	37	3.20	0.32	3.37	0.30
	实验6班	37	3.37	0.41	3.54	0.38
	对照班	35	3.23	0.35	3.43	0.32

前测结果显示，各班级男生心理健康得分的均值在 3.14~3.41 分，女生心理健康得分均值在 3.23~3.40 分，采用的心理健康量表是 5 级计分，得分越高，心理健康水平越高，总体上各班级学生的心理健康水平良好。通过"后测 - 前测"得出心理健康的进步幅度，结果显示，各班级的进步幅度都比较小。通过单因素方差分析，探讨各班级心理健康的进步幅度是否存在显著性差异。

单因素方差分析结果（LSD）表明，不同班级心理健康的进步幅度不存在显著性差异（$F = 1.92$，$P = 0.08 > 0.05$），见表 3 - 35。

表3-35　心理健康进步幅度的后续检验

班级	班级	均值差	显著性 P
实验1班	实验2班	-0.022	0.26
	实验3班	-0.008	0.68
	实验4班	0.008	0.68
	实验5班	-0.022	0.24
	实验6班	-0.027	0.16
	对照班	-0.048	0.07
实验2班	实验3班	0.014	0.47
	实验4班	0.030	0.12
	实验5班	-0.001	0.98
	实验6班	-0.005	0.80
	对照班	-0.026	0.17
实验3班	实验4班	0.016	0.40
	实验5班	-0.014	0.45
	实验6班	-0.019	0.33
	对照班	-0.040	0.08
实验4班	实验5班	-0.030	0.11
	实验6班	-0.035	0.09
	对照班	-0.056	0.06
实验5班	实验6班	-0.004	0.82
	对照班	-0.026	0.17
实验6班	对照班	-0.022	0.26

3.3　分析与讨论

3.3.1　对青少年体成分的影响分析

选取 PBF 和 WHR 作为体成分的测评指标。经过 12～14 周，共 36 次课的干预（每周 3 次课，预计 12 周内完成，但由于天气、假日与学校活动等影响，部分班级完成实验的时间有所延长），与对照班相比，实验3班、实验4班、实验5班和实验6班（按进步幅度值排序，下同）学生的PBF显著下降。在这些显著下降的班级中，其中实验3班和实验4班下降得最为明显。实验3班进行的是20 min中等强度运动技能和10 min中等强度体能组合练习，实验4班进行的是20 min中等强度运动技能和10 min高强度体能组合练习，2个班级运动技能和体能组合练习的时间相同，主要不同在于体能练习的强度。实验3班和实验4班学生PBF的进步幅度最明显，且相互之间没有显著性差异，表明20 min中等强度运动技能和10 min中等/高强度体能组合练习降低PBF的效果要比25 min中等强度运动技能和5 min中等/高强度体能组合练习、15 min中等强度运动技能和15 min中等/高强度体能组合练习降低PBF的效果好，且在采用20 min运动技能和10 min体能组合练习时，体能练习既可以是中等强度间歇性练习，也可以是高强度间歇性练习，两种练习方式产生的效果相似。

在WHR指标上，6个实验班学生WHR的进步幅度与对照班学生WHR的进步幅度没有显著性差异，且各班级WHR的进步幅度普遍较小。研究表明，6个实验班进行的不同时间与强度的运动技能和体能组合练习与一般体育教学都不能显著降低青少年的WHR。

综合PBF和WHR的研究结果，20 min中等强度运动技能和10 min中等/高强度体能组合练习最能显著改善青少年体成分，且主要是通过降低青少年全身体脂含量来改善体成分。体脂氧化分解是一系列酶促反应，氧化分解脂肪酶的活性一般在20 min运动后逐渐上升，随着运动时间的延长，脂肪供能比例也不断提高[①]。在实验1中，各班每次课进行45 min身体练习，实验班在10 min准备活动之后，都开始运动技能的练习，有的班级练习时长25 min，有的时长20 min或15 min，运动技能练习结束后，再进行相应的5 min、10 min或15 min的体能练习；对照班在10 min准备活动后，主要进行运动技能练习，不进行体能练习。每个班级的学生都进行了身体练习，所以各班级PBF都出现了下降，但下降的程度有所不同。

体能练习通常可以保证运动负荷达到一定的水平，且提高能量消耗，这对于脂肪分解具有很重要的影响。可能由于体能练习时间短，体能练习过程中教学组

---

① 杨锡让. 实用运动生理学［M］. 北京：北京体育大学出版社，2007.

织、示范讲解也会占用一定的时间，所以实验 1 班和实验 2 班进行 25 min 中等强度运动技能和 5 min 中等/高强度体能组合练习后，PBF 下降幅度与对照班进行 30 min中等强度运动技能练习后的 PBF 下降幅度相似。当体能练习时间延长至 10 min 或 15 min 时，配合相应的运动技能练习，降低 PBF 的效果就变得比较明显。相比而言，10 min 中等/高强度间歇性体能练习更适宜，与 20 min 中等强度运动技能练习组合后，降低 PBF 的效果最明显。在这种组合练习的课堂中，学生既可以有时间充分享受运动技能游戏或比赛练习中的快乐，也有充沛的精力去完成间歇性体能练习。

实验 1 的实验对象是初一年级学生，他们正处于青春发育期，腰围和臀围会随着生长发育而自然变化。这对实验结果产生了一定程度的干扰，运动干预会影响青少年 WHR，而青少年 WHR 自身也在发生着变化。当前，关于运动降低 WHR 的诸多研究出现了不相一致的研究结果。例如，柏友萍等研究发现，在无饮食监控的情况下，每周 5 次、每次 60 min、共持续 8 周的运动干预可以有效提高大学生的身体质量指数（BMI），降低 PBF 和 WHR[1]。凯穆勒（Kemmler）等研究发现，每周 3 次、共持续 24 周的运动干预可以显著改善大学生体成分，降低 WHR[2]。但也有研究者发现，每周 3 次、每次 45 min、共持续 8 周的运动干预降低青少年 WHR 的效果不明显，实验班与对照班学生的 WHR 在运动干预后没有出现显著性变化[3]。

整体而言，如果试图通过体育教学取得理想的体成分改善效果，应当保持一定的运动周期。黄亚茹等研究发现，每周 6 次、共持续 4 周的运动干预可以显著改善肥胖青少年的体成分和降低血脂[4]。持续 12 周、每周 3 次、每次 45 min 的中等到高强度身体活动是改善青少年体成分的较好建议。

① 柏友萍，张晶，江双双. 减肥运动处方对超重肥胖大学生体脂、血糖与抵抗素的影响 [J]. 卫生研究，2013，42（4）：538 –542.

② KEMMLER W, STENGEL V S, KOHL M, et al. Impact of exercise changes on body composition during the college years: A randomized controlled study [J]. BMC Public Health, 2016, 16 (50): 1 –9.

③ 武海潭. 体育课不同运动负荷组合方式对少年儿童健康体适能及情绪状态影响的实验研究 [D]. 上海：华东师范大学，2014.

④ 黄亚茹，纪环，葛小川，等. 4 周运动配合饮食控制对肥胖青少年体成分、血脂的影响及相关调控机理 [J]. 中国体育科技，2013，49（1）：46 –51.

3.3.2 对青少年肌肉力量与耐力的影响分析

选取握力和立定跳远作为肌肉力量的测评指标，选取 1 min 仰卧起坐作为肌肉耐力的测评指标。经过 12 ~ 14 周、共 36 次课的干预，与对照班相比，实验 3 班、实验 4 班、实验 2 班、实验 5 班和实验 1 班（按进步幅度值排序，下同）学生的握力显著提高，实验 4 班、实验 3 班、实验 6 班和实验 5 班学生的立定跳远显著提高，实验 3 班、实验 4 班、实验 1 班、实验 5 班、实验 2 班和实验 6 班的 1 min 仰卧起坐显著提高。可以看出，融入体能练习的体育课发展学生肌肉力量与耐力的效果非常明显。

在握力指标上，除实验 6 班外，实验 3 班、实验 4 班、实验 2 班、实验 5 班和实验 1 班握力的进步幅度显著高于对照班，且实验 3 班握力的进步幅度显著高于其他 4 个实验班。实验 3 班的进步幅度显著高于其他实验班，既有时间因素的影响，也有强度因素的影响。实验 3 班进行的是 20 min 中等强度运动技能和 10 min 中等强度体能练习，就组合练习的时间而言，20 min 运动技能练习和 10 min 体能练习搭配比较适宜。就练习强度而言，中等强度间歇性体能练习比高强度间歇性体能练习提高上肢肌肉力量的效果好。

在立定跳远指标上，除实验 1 班和实验 2 班外，实验 4 班、实验 3 班、实验 6 班和实验 5 班立定跳远的进步幅度显著高于对照班，且实验 4 班和实验 3 班的进步幅度显著高于实验 6 班和实验 5 班，实验 4 班的进步幅度与实验 3 班的进步幅度没有显著性差异。实验 4 班和实验 3 班进行的是 20 min 中等强度运动技能和 10 min 中等/高强度体能组合练习，2 个班级的进步幅度没有显著性差异，但显著高于其他班级，表明这 2 种组合练习提高下肢肌肉力量的效果要比 25 min 中等强度运动技能和 5 min 中等/高强度体能组合练习，以及 15 min 中等强度运动技能和 15 min 中等/高强度体能组合练习提高下肢肌肉力量的效果好，且 10 min 体能练习既可以采用中等强度间歇性练习，也可以采用高强度间歇性练习，两种练习方式产生的效果相似。

在 1 min 仰卧起坐指标上，6 个实验班的进步幅度显著高于对照班，其中实验 3 班和实验 4 班的进步幅度显著高于其他 4 个实验班，实验 3 班的进步幅度与实验 4 班的进步幅度没有显著性差异。与立定跳远的研究结果相似，1 min 仰卧起坐的研究结果也表明，20 min 中等强度运动技能和 10 min 中等/高强度体能组合练习提高肌肉耐力的效果，要比 25 min 中等强度运动技能和 5 min 中等/高强度体能组合练习，以及 15 min 中等强度运动技能和 15 min 中等/高强度体能组合练习的效果好，且 10 min 体能练习可以采用中等强度或高强度间歇性练习。

穆阿扎米（Moazzami）研究发现，专门性体能练习对学生肌肉力量和耐力提高幅度可达 25%～50%[①]。发展肌肉力量与耐力的练习活动通常比较容易组织，练习的方法也多种多样。这就使得不管是 5 min 的体能练习还是 10 min 或 15 min 的体能练习，只要教师合理安排相应的练习活动，都可以取得一定的效果。相比而言，10 min 中等/高强度体能练习搭配 20 min 运动技能练习的效果最佳。

在实验 1 中，各实验班 36 次课的体能练习都经过系统的安排，各种身体素质练习循环设计，这就保证了融入 5 min 体能练习的班级也按时进行发展肌肉力量与耐力的练习活动，但由于时间短，总的发展肌肉力量与耐力的练习时间也少。所以在本研究中，尽管融入 5 min 体能练习，实验 1 班和实验 2 班在肌肉力量与耐力的发展取得了显著的进步，但效果不及其他实验班级。本研究结果显示，并非体能练习时间越长，肌肉力量与耐力的提高效果越明显，运动技能练习也可以发展学生的肌肉力量与耐力。提高肌肉力量与耐力的关键是要将运动技能练习和体能练习合理组合。

3.3.3　对青少年心肺功能的影响分析

选取肺活量、1000 m 跑（男）/800 m 跑（女）作为心肺功能的测评指标。经过 12～14 周、共 36 次课的干预，与对照班相比，实验 4 班、实验 3 班、实验 6 班和实验 5 班（按进步幅度值排序，下同）学生的肺活量显著提高，实验 3 班、实验 5 班、实验 4 班和实验 6 班男生 1000 m 跑的时间显著降低，女生 800 m 跑的时间也显著降低。

在肺活量指标上，除实验 1 班和实验 2 班外，实验 4 班、实验 3 班、实验 6 班和实验 5 班学生的肺活量进步幅度显著高于对照班，且 4 个实验班的进步幅度没有显著性差异。虽然运动技能练习在一定程度上也可以发展学生的心肺功能，但运

---

① MOAZZAMI M. The effect of a short time training on program on physical fitness in female students [J]. Procedia Social and Behavioral Sciences, 2011, 15 (1): 2627-2630.

动技能练习的主要目的在于掌握某种运动项目的技能，有时运动负荷会比较小。心肺功能的发展需要专门性练习去发展。实验 1 班和实验 2 班进行的是 25 min 运动技能和 5 min 体能组合练习，专门性的心肺功能练习时间短，所以最终的效果并不明显。实验 4 班和实验 3 班进行的是 20 min 中等强度运动技能和 10 min 中等/高强度体能组合练习，实验 6 班和实验 5 班进行的是 15 min 中等强度运动技能和 15 min 中等/高强度体能组合练习，这 4 种运动技能和体能组合练习能够显著提高青少年肺活量，且 4 种组合练习提高肺活量的效果没有显著性差异。当体能练习时间延长至 10 min 或 15 min 时，中等/高强度体能练习搭配相应的运动技能练习，可以产生较好的肺活量促进效果。

在 1000 m 跑（男）/ 800 m 跑（女）指标上，男生和女生出现相同的变化。除实验 1 班和实验 2 班外，实验 3 班、实验 5 班、实验 4 班和实验 6 班 1000 m 跑（男）/ 800 m 跑（女）的进步幅度显著高于对照班，且实验 3 班 1000 m 跑（男）/ 800 m 跑（女）的进步幅度显著高于其他 3 个班级男生和女生的进步幅度。研究表明，20 min 中等强度运动技能和 10 min 中等强度体能组合练习提高青少年耐力跑的效果最佳。对于青少年心肺功能的提高，并非运动强度越高产生的效果越好。

实验 1 选取肺活量、1000 m 跑（男）和 800 m 跑（女）作为心肺功能的测评指标，肺活量的研究结果与 1000 m 跑（男）和 800 m 跑（女）的研究结果不一致，可能是由于随着生长发育，青少年的肺活量也在自然增长，这对实验结果会产生影响。而耐力跑水平的提高主要依靠运动技能和体能组合练习，不能自然提高。

随着运动干预总周期和每次运动时间的延长、每周运动次数的增多，肺活量进步幅度越大，运动干预效果越好。运动强度控制在一定范围内，即心率为 120 ~ 165 次/min，持续时间在 10 个月以上，肺活量增值约为 339.13 mL；每次干预时间在 120 min 以上，肺活量增值约为 438.86 mL；每周干预 5 次以上，肺活量增值约为 440.11 mL[①]。通过体育课堂教学提高学生的心肺功能，应当确保学生以中等强度持续运动一定的时间，教师最好系统地设计出一学期发展学生心肺耐力的教学

---

① 王巧玲，易东平，曹泽亮. 有氧运动对普通大学生肺活量干预影响的元分析 [J]. 西南师范大学学报（自然科学版），2011，36（3）：79 - 83.

方案，每隔一定课次，就组织相应的教学活动。

3.3.4 对青少年柔韧素质的影响分析

采用坐位体前屈测评青少年的柔韧素质。经过 12～14 周、共 36 次课的干预，与对照班相比，6 个实验班的柔韧素质显著提高，其中实验 3 班和实验 4 班的进步幅度显著高于实验 5 班和实验 6 班，实验 5 班和实验 6 班的进步幅度显著高于实验 1 班和实验 2 班，实验 3 班和实验 4 班的进步幅度没有显著性差异，实验 5 班和实验 6 班的进步幅度没有显著性差异，实验 1 班和实验 2 班的进步幅度没有显著性差异。实验 3 班和实验 4 班进行的是 20 min 中等强度运动技能和 10 min 中等/高强度体能组合练习，实验 5 班和实验 6 班进行的是 15 min 中等强度运动技能和 15 min 中等/高强度体能组合练习，实验 1 班和实验 2 班进行的是 25 min 中等强度运动技能和 5 min 中等/高强度体能组合练习。柔韧素质的练习活动比较易于组织，不管是 5 min、10 min 还是 15 min 的体能练习，都可以组织好柔韧素质练习，所以各个实验班的柔韧素质都得到了显著提高。相比而言，20 min 中等强度运动技能和 10 min 中等/高强度体能组合练习提高柔韧素质的效果最佳。这可能是由于这两种组合方案的运动技能和体能练习时间适宜，体能练习采用中等/高强度间歇性练习方式，使学生感觉更舒适。

实验 1 在体能练习中，采用了静力性拉伸和动力性拉伸相结合的练习方法。静力性拉伸是将肌肉拉伸到轻微疼痛的程度，再保持几秒的一种拉伸方法；而动力性拉伸的主要特点是有节奏，速度较快地多次重复同一动作。动力性拉伸方法对练习部位的肌肉群既可以提高其伸展性，也可以提高其收缩性，增强肌肉的弹性。动力性拉伸方法有短时效果和长时效果，如果想获得长时效果，就应当保持长期的规律性练习[1]。对于不同部位的肌肉群，不同的拉伸方法会产生不同的效果。对于肩部柔韧性的提高，动力性拉伸和静力性拉伸都能产生效果，但静力性拉伸的效果更明显[2]。在肌肉力量与耐力练习过程中，青少年的爆发力、柔韧素质也会得

---

[1] 黄彩华，高松龄. PNF 伸展和静态伸展对女大学生身体柔韧性的影响 [J]. 福建师范大学学报（自然科学版），2004，20（3）：94 - 97.

[2] 矫洪申，范振国，田文. 静力拉伸和动力拉伸对提高柔韧素质的对比研究 [J]. 北京体育大学学报，2009，32（2）：123 - 124.

到同步发展①。

为了避免运动损伤,体育课的准备部分通常也会进行柔韧素质练习,所以教师在系统设计体能练习中的柔韧素质练习时,应注意与准备部分柔韧素质练习在时间与内容上的区别。体能练习中的柔韧素质练习最好在学生进行持续性的耐力运动后进行。各种拉伸练习可以在短时内产生提高青少年柔韧素质的效果,但如果不保持规律性的拉伸练习,短时效果可能会逐渐消失。因此,教师在进行教学设计时,还应注重拉伸练习的规律性。

3.3.5 对青少年速度素质的影响分析

采用 50 m 跑作为速度素质的测评指标。经过 12～14 周、共 36 次课的干预,与对照班相比,除实验 1 班和实验 2 班外,实验 3 班、实验 4 班、实验 5 班和实验 6 班 50 m 跑的成绩显著提高,且 4 个实验班的进步幅度没有显著性差异。实验 3 班和实验 4 班进行的是 20 min 中等强度运动技能和 10 min 中等/高强度体能组合练习,实验 5 班和实验 6 班进行的是 15 min 中等强度运动技能和 15 min 中等/高强度体能组合练习,在采用这 4 种运动技能和体能组合练习方式时,教师有比较充足的时间组织学生进行速度素质练习。实验 1 班和实验 2 班进行 25 min 中等强度运动技能和 5 min 中等/高强度体能组合练习,由于体能练习时间短,实验 1 班和实验 2 班在 36 次课中的速度素质练习次数较少,提高速度素质的效果也就不会很明显。虽然篮球技能练习也会提高速度素质,但提高的程度有限。整体而言,10 min 或 15 min 体能练习搭配相应的运动技能练习最有助于青少年速度素质的提高。

蔡利众等采用分层教学法,根据学生体质健康水平,将小学四年级实验班学生分成 3 个小组,每个小组在体育课中进行相应的运动技能和身体素质"课课练"练习,对照班不做干预。经过 3 个月、24 课时的干预后,与对照班相比,实验班学生 50 m 快速跑的成绩显著提高,实心球的成绩也显著提高②。结合本研究的结果可以发现,将体能练习融入体育课,在传授运动技能之后,进行各种身体素质

---

① 彭春政,危小焰,周瑞霞.论机械性振动刺激对提高肌肉力量增长的机制和效应 [J]. 上海体育学院学报,2002,26(2):25-29.

② 蔡利众,黄鹤飞,谢俊.小学四年级 50 米跑,实心球前抛引进"分层递进"教学的实验报告[J].体育科研,1996,17(1):46-51.

练习，对学生速度素质的发展有较好的促进作用，比基本部分只进行运动技能练习的体育课更加有效。

在本研究中，运动技能的练习内容是篮球，体能练习的内容既有专门发展速度素质的一般速度练习和专项速度练习，也有发展力量、耐力和灵敏等素质的练习。其他身体素质的练习与速度素质的发展也有紧密的联系，如灵敏和下肢肌肉力量等对速度就有着直接影响①。本研究结果显示，在体育课的基本部分，进行 20 min 中等强度运动技能的同时，进行 10 min 中等或高强度发展速度素质和其他身体素质的体能练习，比只向学生传授运动技能，可以更有效地提高学生的速度。

3.3.6　对青少年心理健康的影响分析

采用《中学生心理健康量表》测评青少年的心理健康水平。实验 1 的研究表明，经过 12~14 周、共 36 次课的干预，与对照班相比，各实验班心理健康水平没有显著性变化。从"后测–前测"的进步幅度值上看，各个实验班和对照班心理健康的进步幅度值都在 0.2 左右，而量表采用的是李克特 5 级评分法，1~5 表示"完全不符合"~"完全符合"，所以各班级心理健康的进步幅度非常小。心理健康一般具有稳定性，短时间的运动干预促进心理健康的效果会不太明显。此外，虽然运动会产生促进心理健康的效果，但其他因素，如学业压力等会抑制心理健康的发展，使得运动促进心理健康的效果被覆盖。

殷恒婵等也发现，持续 10 周、每周 3 次、每次 30 min"小手球 + 素质练习"的体育课无法明显提高儿童的心理健康水平②。武海潭的实验研究表明，持续 8 周、每周 3 次体育课改善初中生情绪状态的效果不明显③。出现这样的研究结果，可能是由于人的心理健康水平一般具有稳定性，短时间的实验干预促进心理健康的效果会比较小，如本研究的 12 周干预，或是其他学者进行的 10 周或 8 周干预。虽然体育运动调节负面情绪，降低焦虑、抑郁感的效果比较明显，但是体育运动促进心理健康的效果还是需要长期有规律的运动做保证。

---

① 蒋惠珍，金朝跃. 50 米跑教学模式的设计［J］. 北京体育大学学报，1998，21（2）：71 – 73.

② 殷恒婵，陈雁飞，张磊. 运动干预对小学生身心健康影响的实验研究［J］. 体育科学，2012，32（2）：14 – 27.

③ 武海潭. 体育课不同运动负荷组合方式对少年儿童健康体适能及情绪状态影响的实验研究［D］. 上海：华东师范大学，2014.

心理健康是一个比较宽泛的概念，大量研究从不同角度探讨了运动的心理效益，例如，迪奥尼吉（Dionigi）研究认为，经过 16 周抗阻练习后，老年人的自我效能感和社交能力得到显著提高，从而认为运动促进了老年人的心理健康[1]。类似的其他研究还认为，在一定周期的运动干预后，实验对象的情绪、身体自我概念、身体意象、认知功能、身体自尊等得到显著提高，进而心理健康得到了促进。研究还发现，坚持程度、喜爱程度和运动时间在运动促进心理健康的过程中发挥着中介作用[2]。体育课中学生的坚持程度、喜爱程度以及运动时间都受到教师的调控。因此，除了保证长期体育课的正常开展外，教师还应根据学生的身心发展特点、兴趣爱好等，遴选出学生愿意主动投入练习的教学内容，采用精讲多练的教学方式，保证学生的运动时间。

3.3.7　对青少年身心健康影响的总分析

本研究选取了 PBF、WHR、握力、立定跳远、1 min 仰卧起坐、肺活量、1000 m 跑（男）／ 800 m 跑（女）、坐位体前屈、50 m 跑和心理健康共 10 个指标作为青少年身心健康的测评指标。表 3-36 呈现了与对照班进步幅度相比，进步幅度有显著性的实验班。例如，"【4>3】>5>6"表示实验 4 班、实验 3 班、实验 5 班和实验 6 班的进步幅度显著高于对照班的进步幅度，且在进步幅度上，实验 4 班和实验 3 班显著高于实验 5 班和实验 6 班，而实验 4 班和实验 3 班之间没有显著性差异。实验 1 班和实验 2 班没显示，是因为 2 个班级的进步幅度与对照班的进步幅度没有显著性差异。"3>4>5>6"表示实验 3 班、实验 4 班、实验 5 班和实验 6 班的进步幅度显著高于对照班的进步幅度，但 4 个班级的进步幅度没有显著性差异。"无显著性差异"表示，与对照班的进步幅度相比，6 个实验班的进步幅度均没有显著性差异。

①　DIONIGI R. Resistance training and older adults' beliefs about psychological benefits: the importance of self-efficacy and social interaction [J]. Journal of Sport and Exercise Psychology, 2007, 29 (6): 723-746.

②　邱远. 大学生体育锻炼与心理健康关系的初步研究 [J]. 北京体育大学学报, 2004, 27 (12): 1637-1638, 1641.

表 3 - 36　各班级身心健康的进步幅度比较

序号	体质健康指标	实验班
1	体脂百分比（PBF）	【3 >4】 >5 >6
2	腰臀比（WHR）	无显著性差异
3	握力	【3 >4】 >2 >5 >1
4	立定跳远	【3 >4】 >6 >5
5	1 min 仰卧起坐	【3 >4】 >1 >5 >2 >6
6	肺活量	【4 >3】 >6 >5
7	1000 m 跑（男）	【3】 >5 >4 >6
	800 m 跑（女）	【3】 >5 >4 >6
8	坐位体前屈	【3 >4】 >5 >6 >2 >1
9	50 m 跑	3 >4 >5 >6
10	心理健康	无显著性差异

整体而言，在总共 10 个身心健康指标上，实验 3 班在 6 个指标上的进步幅度与实验 4 班相似，且显著高于其他实验班级。在 1000 m 跑（男）／800 m 跑（女）1 个指标上，实验 3 班的进步幅度显著高于其他实验班级。在 50 m 跑指标上，实验 3 班的进步幅度与其他 3 个实验班的进步幅度相似。在 WHR 和心理健康指标上，各个实验班与对照班的进步幅度没有显著性差异。研究结果支持了部分实验假设，实验 3 班进行的 20 min 中等强度运动技能和 10 min 中等强度体能组合练习促进青少年身心健康的效果最佳，其次是实验 4 班进行的 20 min 中等强度运动技能和 10 min 高强度体能组合练习方式。

3.4　结论与建议

3.4.1　结论

（1）在体育课的基本部分，将运动技能练习与体能练习相组合，比只进行运动技能练习能更有效地促进青少年体质健康。

（2）在不同时间与强度的运动技能和体能组合练习方式中，20 min 中等强度运动技能和10 min中等强度体能组合练习方式，比其他运动技能和体能组合练习方式能更高效地促进青少年体质健康。

（3）进行20 min中等强度运动技能和10 min中等强度体能组合练习的体育课（持续12～14周、共36次课）可以显著降低青少年体脂含量，增强心肺功能，提高肌肉力量与耐力、柔韧和速度素质。

（4）进行6种不同时间与强度的运动技能和体能组合练习的体育课和只进行运动技能练习的体育课（持续12～14周、共36次课）对青少年心理健康的促进效果都不明显。

3.4.2　建议

（1）体育课堂教学应进一步关注体能练习，在体育课的基本部分预留10 min进行中等强度间歇性体能练习，是保证体育课运动负荷的有效策略，更有利于青少年体质健康水平的提高。

（2）教师可积极尝试20 min中等强度运动技能和10 min中等强度体能组合练习方式，注意运动技能练习与体能练习之间的相互补偿作用，系统设计一学期的体能练习内容，杜绝随机设计或临时设计体能练习内容。

（3）体能练习应不断创新练习内容与方法，确保练习的多样性和趣味性。关注青少年在体能练习中的情绪变化，通常枯燥单调的体能练习会抑制青少年练习的积极性。有条件的学校，可以配置轻便柔软、色彩鲜艳的小型器材，激发学生对体能练习的兴趣。

4 实验2 不同教学法指导的 20 min 中等强度运动技能和 10 min 中等强度体能组合练习对青少年身心健康的影响

除练习时间与强度外，教学法也影响着体育教学促进青少年身心健康的效果。实验1探讨不同时间与强度的运动技能和体能组合练习对身心健康的影响，是从学生的主体地位出发，站在学生的视角上，研究多长时间、何种强度的运动技能和体能组合练习可以产生最佳的效果。体育教学是教师"教"与学生"学"的双边活动，学生的"学"离不开教师的"教"，教师的主导地位不可忽视。教师采用的教学法不同，教学效果就有可能完全不同。

新课程改革以来，我国体育课程与教学论取得了长足的发展。国家《普通高中体育与健康课程标准（修订版）》提出一系列新颖的教学理念。例如，避免在课堂上孤立、静态地进行单个技术教学，倡导用较少的时间进行单个技术教学后，用较多的时间进行多种组合技术学练，注重活动和比赛情境的创设，促进学生在真实运动情境中能够运用组合技术。这些教学理念在体育教学中的应用效果如何，值得探讨。本研究从《普通高中体育与健康课程标准（修订版）》和课程标准研制组成员的研究成果[1]中遴选出首次提出、以往课程标准或相关研究成果中从未出现过的教学法观点（具体见实验干预方案），通过教学实验探讨最新教学法指导的运动技能和体能组合练习对青少年身心健康的影响。

实验1的研究表明，在7种不同时间与强度的运动技能和体能组合练习方式中，20 min 中等强度运动技能和 10 min 中等强度体能组合练习促进青少年身心健

---

① 季浏. 中国健康体育课程模式的思考与构建 [J]. 北京体育大学学报，2015，38（9）：72-80.

康的效果最佳。实验 2 在实验 1 的基础上，探讨不同教学法指导的 20 min 中等强
度运动技能和 10 min 中等强度体能组合练习对青少年身心健康的影响。实验班进
行新课程教学法指导的 20 min 中等强度运动技能和 10 min 中等强度体能组合练习，
对照班进行一般教学法指导的 20 min 中等强度运动技能和 10 min 中等强度体能组
合练习。将实验班应用的教学法称为新课程教学法、对照班应用的教学法称为一
般教学法是相对而言的，实验班采用的教学法是近年来最新的体育与健康课程改
革理念，对照班采用的教学法主要是始于 2001 年的第八次基础教育体育与健康课
程改革的理念。实验 2 做出如下假设：对照班学生的部分身心健康指标会有所提
高，但实验班学生在这些身心健康指标上的进步幅度会更明显。

4.1 实验方法

4.1.1 实验对象

实验对象为 X 校初一年级学生，随机选取 2 个班，1 个班为实验班，另 1 个班
为对照班。询问学生既往病史、家族遗传与心血管疾病、身体状况等，身体有潜
在问题的学生不参与教学实验。共确定实验对象 71 人，其中实验班共 35 人（男生
19 人，女生 16 人），对照班共 36 人（男生 20 人，女生 16 人）。实验班和对照班
学生年龄、身高和体重的均值与标准差见表 4-1。

表 4-1　实验班与对照班学生年龄、身高和体重的均值与标准差

班级	学生人数	年龄（岁）	身高（cm）	体重（kg）
实验班	35	13. 20 ± 0. 53	157. 71 ± 9. 09	45. 04 ± 9. 29
对照班	36	13. 17 ± 0. 51	159. 08 ± 9. 38	47. 15 ± 13. 00

4.1.2 实验程序

实验 2 从 2016 年 9 月初开始，至 2017 年 1 月末结束。实验开始前 2 周，实验
主试对负责实验班教学的教师 A 进行 6 次教学法培训（每周 3 次，每次 1 小时），

并协助教师 A 制定学期教学方案。学期第一周，教师 A 利用对照班之外的 4 个班（包括实验班）进行 12 节课预实验教学，实验主试在预实验期间，观察教师 A 的教学法应用情况，如若教学中出现违背新课程教学法的问题，在课后与教师 A 进行交谈沟通，阐明新课程教学法的精髓所在，逐步使教师 A 的教学法应用能够符合实验要求。教师 B 负责对照班教学，不接受教学法培训。教师教龄不同，教学法应用水平可能会存在很大差异。所以，为了尽量控制教龄对实验结果的干扰，选择的 2 位教师教龄相似，教师 A 教龄为 6 年，教师 B 教龄为 7 年。

学期第二周，实验主试配合教师 A 和教师 B 完成学生体质健康和心理健康的前测。学期第三周，正式进行教学实验。按实验计划，两个班需完成 12 周、每周 3 次课、共 36 次课的教学。但在实际情况下，体育教学会受天气、假日、学校活动等影响而停课。本研究的处理方法是：考虑到学校规定的体育教学时间共有 18 周，所以停课之后顺延，最终确保 2 个班都完成 36 次课的教学。待 2 个班完成教学任务后，实验主试配合教师 A 和教师 B 完成学生体质健康和心理健康的后测。

实验中采用 Polar 遥测心率仪监控实验班和对照班的运动强度。在每个班的第一节课前，教会学生佩戴 Polar 心率带的方法，每节课随机抽取 28 名学生（14 名男生，14 名女生）佩戴 Polar 心率带。教师 A 在实验 1 中进行过 20 min 中等强度运动技能和 10 min 中等强度体能组合练习，教师 B 在实验 1 中进行过 20 min 中等强度运动技能和 10 min 高强度体能组合练习，都比较熟悉 20 min 运动技能和 10 min 体能组合练习方式。但实验主试在正式实验过程中，仍然还会观察 Polar 遥测心率仪，在运动强度不足或遗忘练习时间的情况下，对教师 A 和教师 B 给予提醒。

4.1.3 实验干预方案

在实验 2 中，实验班体育课进行新课程教学法指导的 20 min 中等强度运动技能和 10 min 中等强度体能组合练习，对照班体育课进行一般教学法指导的 20 min 中等强度运动技能和 10 min 中等强度体能组合练习。实验班主要从学习目标设置、运动技能和体能练习、教学方式应用、课堂氛围营造和学习评价实施等方面运用新课程教学法，见表 4 - 2。对于课程标准中没有更新的教学法，实验班也会继续使用。对照班教师 B 不接受教学法培训。

表 4-2　体育教学法的新理念

项目	教学法要求
学习目标设置	(1) 基于"让学生体验到真实、完整运动"的学习目标设置标准，围绕"课程目标/水平目标—学期目标—单元学习目标—课时学习目标"逻辑链去设置目标 (2) 强化目标意识，将"运动能力、健康行为和体育品德"学科核心素养完整地渗透到学习目标中
运动技能练习	(1) 体育教学主要是教会学生运动，而不是教会单个技术，倡导用较少的时间进行单个技术教学，用较多的时间进行组合技术学练，组合技术学练应更多地融入活动和比赛情境，从而提高学生在真实运动中运用技术、解决问题的能力 (2) 避免过于注重单一知识点以及把结构化的知识和技能割裂开来的灌输式教学模式
体能练习	(1) 注重体能练习对运动技能练习的补偿作用。例如，练习跳远技能的体育课，应注重发展上肢力量、耐力或灵敏素质的体能练习 (2) 确保体能练习内容和方法的多样化与趣味性，避免将融入体能练习的体育课上成体质健康测试课
教学方式应用	(1) 倡导从"以教为主"向"以学为主"转变，特别要减少教师说得多、学生练得少的现象 (2) 除必要的示范讲解和集体纠错外，教师应采用巡回指导的方式，精讲多练，提高体育课运动密度
课堂氛围营造	(1) 师生和谐互动、情绪饱满高昂、场景活泼热烈、气氛积极向上 (2) 摒弃教师"一言堂"，学生压抑和无奈的课堂氛围
学习评价实施	(1) 体育课堂教学旨在培养学生掌握运动技能、具备良好的体能，促进学生身心健康，而不是展示运动天赋。所以实施学习评价时，应承认个体差异，关注学生进步幅度，真正体现评价的激励和发展功能，使受过良好体育熏陶的学生，不论其运动天赋如何，都喜欢参与体育课堂活动 (2) 重视对学生"运动能力、健康行为和体育品德"学科核心素养的综合评价

实验班与对照班体育课进行的都是 20 min 中等强度运动技能和 10 min 中等强度体能组合练习，与实验 1 中实验 3 班运动技能和体能组合练习方式相同，所以实验班与对照班的运动技能和体能组合练习内容参照实验 1 中实验 3 班的练习方案，运动技能练习内容见附录 A，体能练习内容的案例见附录 B 和附录 C 中的实验 3 班

练习内容。

4.1.4 身心健康测试

4.1.4.1 体质健康测试

主要从体成分、肌肉力量、肌肉耐力、心肺功能、柔韧和速度6个方面测试青少年的体质健康水平，每个方面的测试指标如下。

①体成分：体脂百分比、腰臀比。②肌肉力量：握力体重指数、立定跳远。③肌肉耐力：1 min 仰卧起坐。④心肺功能：肺活量、1000 m 跑（男）／ 800 m 跑（女）。⑤柔韧素质：坐位体前屈。⑥速度素质：50 m 跑。

体质健康的测试方法同实验1。

4.1.4.2 心理健康测试

采用苏丹、黄希庭编制的《中学生心理健康量表》①② 测量心理健康水平。《中学生心理健康量表》共25 道测试题，采用李克特5 级评分法，1 ~ 5 表示"完全不符合" ~ "完全符合"，量表的信度和效度良好。

4.1.5 统计分析方法

实验2 采用的是单因素两组前测、后测设计，采用协方差分析处理实验数据，将身心健康指标的前测成绩作为协变量，组别（实验班与对照班）作为自变量，身心健康指标的后测成绩作为因变量，得出实验班与对照班身心健康指标变化的显著性检验结果，从而判断实验干预的效果③。

实验2 中，实验班进行新课程教学法指导的20 min 中等强度运动技能和10 min 中等强度体能组合练习，对照班进行一般教学法指导的20 min 中等强度运动技能和10 min 中等强度体能组合练习。实验班与对照班学生的身心健康都可能有所提高，所以实验2 还使用配对样本 T 检验，分析与自身前测相比，各班级身心健康指标的后测结果是否出现显著提高。

---

① 苏丹. 适应取向中学生心理健康量表的初步编制 ［D］. 重庆：西南大学，2007.

② 苏丹，黄希庭. 中学生适应取向的心理健康结构初探 ［J］. 心理科学，2007，30 （6）：1290 – 1294.

③ 张力为. 体育科学研究方法 ［M］. 北京：高等教育出版社，2012：136.

4.2　研究结果

4.2.1　运动强度监测结果

实验2采用芬兰产 Ploar 遥测心率仪监控学生运动强度。监测设备可以根据学生年龄，通过中等强度和高强度心率范围的界定公式［中等强度心率范围 =（220 – 年龄）×（65% ~ 75%）；高强度心率范围 =（220 – 年龄）× 75% 以上］报告出学生的运动强度。Polar 遥测心率仪会自动记录学生在每节课不同时段的平均心率和运动强度信息。实验班与对照班在实验期间都完成了36次体育课教学，每次课平均心率的范围及其均值与标准差见表4 – 3。

表4 – 3　各班级实验期间每次课平均心率的范围及其均值与标准差（$M \pm SD$）

	实验班	对照班
运动技能练习	144 ~ 149	143 ~ 149
$M \pm SD$	146.1 ± 1.2	145.7 ± 1.4
体能练习	145 ~ 149	146 ~ 150
$M \pm SD$	147.1 ± 1.1	147.5 ± 1.1

从运动技能练习强度的监控结果看，实验班每次课平均心率在 144 ~ 149 次/min。按照美国运动医学学会界定的中等强度心率范围计算公式［中等强度心率范围 =（220 – 年龄）×（65% ~ 75%）］，13 岁青少年中等运动强度心率一般在 134 ~ 155 次/min，表明实验班运动技能练习达到了实验要求的中等强度。对照班每次课的平均心率在 143 ~ 149 次/min，表明对照班运动技能练习也达到了实验要求的中等强度。

实验班与对照班体能练习采用的是间歇性练习方式。从体能练习强度的监控结果看，实验班每次课的平均心率在 145 ~ 149 次/min，表明实验班体能练习达到了实验要求的中等强度。对照班每次课的平均心率在 146 ~ 150 次/min，表明对照班体能练习也达到了实验要求的中等强度。

4.2.2 对青少年体成分的影响结果

4.2.2.1 对青少年 PBF 的影响结果

采用描述性统计,得出实验班与对照班男生、女生和全班(男+女)前测、后测的 PBF 均值与标准差,见表 4-4。

表 4-4 各班级学生 PBF 描述性统计

性别	班级	人数	前测		后测	
			M	SD	M	SD
男	实验班	19	15.63	5.55	15.23	5.26
	对照班	20	14.80	6.22	14.64	6.06
女	实验班	16	17.63	7.73	17.19	7.44
	对照班	16	15.96	5.71	15.77	5.59
男+女	实验班	35	16.54	6.61	16.13	6.33
	对照班	36	15.31	5.94	15.14	5.80

前测结果显示,实验班与对照班男生 PBF 均值分别是 15.63 和 14.80,实验班与对照班女生 PBF 均值分别是 17.63 和 15.96,女生体脂含量高于男生。通过"后测-前测"得出 PBF 进步幅度,结果显示,实验班与对照班男生、女生和全班的 PBF 都有所下降,实验班男生、女生和全班后测 PBF 显著下降。与自身 PBF 前测结果相比,对照班男生、女生和全班后测 PBF 也显著下降。

采用协方差分析,以 PBF 前测成绩为协变量,组别(实验班与对照班)为自变量,PBF 后测成绩为因变量,分析实验班与对照班 PBF 的变化是否存在显著性差异。

协方差分析结果显示(表 4-5),在将实验班与对照班男生、女生和全班 PBF 前测成绩作为协变量控制的情况下,实验班男生 PBF 后测成绩显著低于对照班男生,实验班女生 PBF 后测成绩也显著低于对照班女生,整体上实验班 PBF 后测成绩同样显著低于对照班。研究表明,不同教学法指导的 20 min 中等强度运动技能和 10 min 中等强度体能组合练习都能够降低 PBF,但降低 PBF 的效果有显著性差异,新课程教学法指导的组合练习能更高效地降低体脂含量。

表4-5 实验班与对照班 PBF 的协方差分析

性别	班级	N	M	SD	F	P
男	实验班	19	-0.39	0.35	7.50	0.01
	对照班	20	-0.16	0.30		
女	实验班	16	-0.44	0.38	5.76	0.02
	对照班	16	-0.19	0.23		
男+女	实验班	35	-0.41	0.36	13.65	0.00
	对照班	36	-0.17	0.26		

注：M 指"后测-前测"差值的均值，同以下协方差分析表中的 M、SD 为对应的标准差。

4.2.2.2 对青少年 WHR 的影响结果

采用描述性统计，得出实验班与对照班男生、女生和全班前测、后测的 WHR 均值与标准差，见表4-6。与其他指标有所不同，WHR 的数值较小，所以 WHR 均值和标准差都保留了 3 位小数。

表4-6 各班级学生 WHR 描述性统计

性别	班级	人数	前测		后测	
			M	SD	M	SD
男	实验班	19	0.807	0.031	0.803	0.026
	对照班	20	0.812	0.021	0.808	0.019
女	实验班	16	0.766	0.027	0.755	0.027
	对照班	16	0.755	0.033	0.748	0.033
男+女	实验班	35	0.788	0.036	0.781	0.035
	对照班	36	0.787	0.039	0.782	0.040

前测结果显示，实验班与对照班男生的 WHR 均值分别是 0.807 和 0.812，实验班与对照班女生的 WHR 均值分别是 0.766 和 0.755，男生的 WHR 一般高于女生的 WHR。

通过"后测-前测"得出 WHR 进步幅度。结果显示，实验班与对照班男生、女生和全班 WHR 都有所下降。与自身 WHR 前测结果相比，实验班男生 WHR 后测没有显著下降，实验班女生和全班 WHR 后测显著下降，对照班男生 WHR 后测没有显著下降，对照班女生和全班 WHR 后测显著下降。除男生外，实验班与对照班女生和全班 WHR 都出现显著下降。

采用协方差分析，以 WHR 前测为协变量，组别为自变量，WHR 后测为因变量，分析实验班与对照班 WHR 的变化是否存在显著性差异。结果显示（表4－7），实验班与对照班男生的 WHR 后测成绩没有显著性差异，实验班与对照班女生的 WHR 后测成绩也没有显著性差异，整体上2个班级的 WHR 后测成绩同样没有显著性差异。结果表明，不同教学法指导的 20 min 中等强度运动技能和 10 min 中等强度体能组合练习都不能降低男生 WHR，但能显著降低女生 WHR，且不同教学法指导的组合练习降低女生 WHR 的效果相似。

表4－7　实验班与对照班 WHR 的协方差分析

性别	班级	N	M	SD	F	P
男	实验班	19	－0.004	0.013	0.19	0.67
	对照班	20	－0.004	0.009		
女	实验班	16	－0.010	0.012	0.60	0.45
	对照班	16	－0.007	0.009		
男＋女	实验班	35	－0.007	0.013	0.49	0.48
	对照班	36	－0.005	0.009		

4.2.3　对青少年肌肉力量的影响结果

4.2.3.1　对青少年握力的影响结果

采用描述性统计，得出实验班与对照班男生、女生和全班（男＋女）的前测、后测握力均值与标准差，见表4－8。

表4-8　各班级学生握力描述性统计

性别	班级	人数	前测（kg）		后测（kg）	
			M	SD	M	SD
男	实验班	19	22.32	2.65	24.49	2.39
	对照班	20	22.48	2.51	24.25	2.49
女	实验班	16	18.64	1.38	21.35	1.71
	对照班	16	18.55	2.74	20.97	2.65
男+女	实验班	35	20.64	2.83	23.06	2.62
	对照班	36	20.73	3.25	22.79	3.02

前测结果显示，实验班与对照班男生的握力均值分别是22.32 kg和22.48 kg，实验班与对照班女生的握力均值分别是18.64 kg和18.55 kg，男生握力水平高于女生。通过"后测－前测"得出握力进步幅度，结果显示，实验班与对照班男生、女生和全班的握力水平都有所提高。与自身前测成绩相比，实验班男生、女生和全班的后测握力成绩显著提高。与自身前测成绩相比，对照班男生、女生和全班的后测握力成绩也显著提高。实验班与对照班学生的握力水平在实验期间都得到了显著提高。

协方差分析结果显示（表4-9），在将实验班与对照班男生、女生和全班握力前测成绩作为协变量控制的情况下，实验班与对照班男生的握力后测成绩没有显著性差异，实验班与对照班女生的握力后测成绩也没有显著性差异，整体上2个班级的握力后测成绩同样没有显著性差异。研究表明，不同教学法指导的20 min中等强度运动技能和10 min中等强度体能组合练习都能够显著提高学生的握力，且不同教学法指导的组合练习提高握力的效果相似。

表4-9　实验班与对照班握力的协方差分析

性别	班级	N	M	SD	F	P
男	实验班	19	2.17	1.15	1.85	0.18
	对照班	20	1.77	0.61		

性别	班级	N	M	SD	F	P
女	实验班	16	2.71	0.92	0.94	0.34
	对照班	16	2.42	0.78		
男+女	实验班	35	2.42	1.07	2.90	0.09
	对照班	36	2.06	0.76		

4.2.3.2 对青少年立定跳远的影响结果

采用描述性统计，得出实验班与对照班男生、女生和全班立定跳远的前测、后测均值与标准差，见表4-10。

表4-10 各班级学生立定跳远描述性统计

性别	班级	人数	前测（m）		后测（m）	
			M	SD	M	SD
男	实验班	19	1.78	0.15	1.82	0.15
	对照班	20	1.68	0.14	1.73	0.14
女	实验班	16	1.55	0.14	1.62	0.11
	对照班	16	1.51	0.18	1.55	0.18
男+女	实验班	35	1.67	0.18	1.73	0.17
	对照班	36	1.60	0.18	1.65	0.18

前测结果显示，实验班与对照班男生立定跳远均值分别是1.78 m和1.68 m，实验班与对照班女生立定跳远均值分别是1.55 m和1.51 m，男生立定跳远成绩一般高于女生。

通过"后测－前测"得出立定跳远进步幅度，结果显示，实验班与对照班学生的立定跳远成绩都有所提高。与自身前测成绩相比，实验班男生、女生和全班立定跳远的后测成绩显著提高，对照班男生、女生和全班立定跳远的后测成绩也显著提高。实验班与对照班学生立定跳远成绩在实验期间都得到了显著提高。

协方差分析结果显示（表4-11），实验班与对照班男生立定跳远的后测成绩没有显著性差异，实验班与对照班女生立定跳远的后测成绩有显著性差异，整体上2个班级立定跳远的后测成绩同样没有显著性差异。研究表明，不同教学法指导的20 min中等强度运动技能和10 min中等强度体能组合练习都能够显著提高学生的立定跳远成绩，即提高学生下肢肌肉力量，但新课程教学法指导的组合练习能更高效地提高女生下肢肌肉力量，不同教学法指导的组合练习提高男生下肢肌肉力量的效果相似。

表4-11 实验班与对照班立定跳远的协方差分析

性别	班级	N	M	SD	F	P
男	实验班	19	0.04	0.04	0.15	0.70
	对照班	20	0.05	0.03		
女	实验班	16	0.07	0.06	6.72	0.02
	对照班	16	0.04	0.02		
男+女	实验班	35	0.06	0.05	3.21	0.08
	对照班	36	0.04	0.02		

4.2.4 对青少年肌肉耐力的影响结果

选取1 min仰卧起坐作为肌肉耐力的测评指标。采用描述性统计，得出实验班与对照班男生、女生和全班1 min仰卧起坐的前测、后测均值与标准差，见表4-12。

表4-12 各班级学生1 min仰卧起坐描述性统计

性别	班级	人数	前测（次）		后测（次）	
			M	SD	M	SD
男	实验班	19	32.53	5.29	35.79	5.80
	对照班	20	36.55	4.44	38.85	4.00
女	实验班	16	22.56	6.47	24.56	6.48
	对照班	16	24.75	7.69	26.44	7.03
男+女	实验班	35	27.97	7.66	30.66	8.28
	对照班	36	31.31	8.45	33.33	8.31

前测结果显示，实验班与对照班男生 1 min 仰卧起坐均值分别是 32. 53 次和 36. 55 次，女生 1 min 仰卧起坐均值分别是 22. 56 次和 24. 75 次，男生 1 min 仰卧起坐次数高于女生。

通过"后测 - 前测"得出 1 min 仰卧起坐的进步幅度，结果显示，实验班与对照班男生、女生和全班学生的 1 min 仰卧起坐成绩都有所提高。与自身前测成绩相比，实验班男生、女生和全班 1 min 仰卧起坐的后测成绩显著提高。与自身前测成绩相比，对照班男生、女生和全班 1 min 仰卧起坐的后测成绩也显著提高。实验班与对照班学生的 1 min 仰卧起坐成绩在实验期间都得到了显著提高。

协方差分析结果显示（表 4 - 13），实验班与对照班男生、女生 1 min 仰卧起坐的后测成绩都没有显著性差异。研究表明，不同教学法指导的 20 min 中等强度运动技能和 10 min 中等强度体能组合练习都能够显著提高学生的 1 min 仰卧起坐成绩，增强学生的肌肉耐力，且不同教学法指导的组合练习增强肌肉耐力的效果相似。

表 4 - 13　实验班与对照班 1 min 仰卧起坐的协方差分析

性别	班级	N	M	SD	F	P
男	实验班	19	3. 26	2. 10	1. 91	0. 18
	对照班	20	2. 30	1. 08		
女	实验班	16	2. 00	1. 46	0. 01	0. 93
	对照班	16	1. 69	3. 26		
男 + 女	实验班	35	2. 69	1. 92	1. 51	0. 22
	对照班	36	2. 03	2. 30		

4.2.5　对青少年心肺功能的影响结果

4.2.5.1　对青少年肺活量的影响结果

采用描述性统计，得出实验班与对照班男生、女生和全班（男 + 女）肺活量的前测、后测均值与标准差，见表 4 - 14。

表 4 - 14　各班学生肺活量描述性统计

性别	班级	人数	前测（mL）		后测（mL）	
			M	*SD*	*M*	*SD*
男	实验班	19	2692.16	562.90	2848.32	585.35
	对照班	20	2753.45	510.74	2870.00	512.58
女	实验班	16	2048.13	453.70	2178.94	431.32
	对照班	16	2142.19	569.89	2234.88	560.03
男 + 女	实验班	35	2397.74	603.75	2542.31	614.76
	对照班	36	2481.78	612.93	2587.72	616.03

前测结果显示，实验班与对照班男生肺活量均值分别是 2692.16 mL 和 2753.45 mL，实验班与对照班女生肺活量均值分别是 2048.13 mL 和 2142.19 mL，男生肺活量高于女生。

通过"后测－前测"得出肺活量进步幅度，结果显示，实验班与对照班男生、女生和全班学生的肺活量都有所提高。与自身前测成绩相比，实验班男生、女生和全班肺活量的后测成绩显著提高。与自身前测成绩相比，对照班男生、女生和全班肺活量的后测成绩也显著提高。

协方差分析结果显示（表 4 - 15），在将实验班与对照班男生、女生和全班肺活量前测成绩作为协变量控制的情况下，实验班男生、女生肺活量后测成绩显著高于对照班男生、女生，整体上实验班的肺活量后测成绩同样显著高于对照班。研究表明，不同教学法指导的 20 min 中等强度运动技能和 10 min 中等强度体能组合练习都能够提高学生肺活量，但提高肺活量的效果有显著性差异，新课程教学法指导的组合练习能更高效地提高学生肺活量。

表 4 - 15　实验班与对照班肺活量的协方差分析

性别	班级	*N*	*M*	*SD*	*F*	*P*
男	实验班	19	156.16	56.12	5.53	0.02
	对照班	20	116.55	52.21		

性别	班级	N	M	SD	F	P
女	实验班	16	130.81	54.48	4.07	0.04
	对照班	16	92.69	47.32		
男 + 女	实验班	35	144.57	56.04	9.46	0.00
	对照班	36	105.94	50.83		

4.2.5.2　对青少年 1000 m 跑（男）／ 800 m 跑（女）的影响结果

采用描述性统计，得出实验班与对照班男生 1000 m 跑的前测、后测均值与标准差，女生 800 m 跑的前测、后测均值与标准差，见表 4 - 16。

表 4 - 16　各班学生 1000 m 跑（男）／ 800 m 跑（女）描述性统计

性别	班级	人数	前测（s）		后测（s）	
			M	SD	M	SD
男	实验班	19	279.00	21.44	270.16	21.10
	对照班	20	284.65	24.12	278.35	24.14
女	实验班	16	284.75	15.60	276.88	14.24
	对照班	16	279.50	25.61	275.19	23.39

前测结果显示，实验班与对照班男生 1000 m 跑的均值分别是 279.00 s 和 284.65 s，女生 800 m 跑的均值分别是 284.75 s 和 279.50 s，按国家学生体质健康测试评分标准，男生的耐力水平要好于女生。

通过“后测 - 前测”得出 1000 m 跑（男）／ 800 m 跑（女）进步幅度，结果显示，实验班与对照班 1000 m 跑（男）／ 800 m 跑（女）的时间有所下降。实验班与对照班 1000 m 跑（男）／ 800 m 跑（女）的成绩在实验期间得到了显著提高。

协方差分析结果显示（表 4 - 17），将实验班与对照班 1000 m 跑（男）／ 800 m 跑（女）前测成绩作为协变量，实验班男生 1000 m 跑后测成绩显著低于对照班男生，实验班女生 800 m 跑后测成绩也显著低于对照班女生。研究表明，不同教学法指导的 20 min 中等强度运动技能和 10 min 中等强度体能组合练习能够提高 1000 m 跑（男）／ 800 m 跑（女）的成绩，但提高耐力的效果有显著性差异，新课程教学法指导的组合练习能更高效地提高学生耐力水平。

表 4 - 17　实验班与对照班 1000 m 跑（男）/ 800 m 跑（女）的协方差分析

性别	班级	N	M	SD	F	P
男	实验班	19	- 8.84	4.13	6.07	0.02
	对照班	20	- 6.30	2.23		
女	实验班	16	- 7.87	3.01	4.25	0.04
	对照班	16	- 4.31	5.78		

4.2.6　对青少年柔韧素质的影响结果

选取坐位体前屈作为柔韧素质的测评指标。采用描述性统计，得出实验班与对照班男生、女生和全班（男 + 女）坐位体前屈的前测、后测均值与标准差，见表 4 - 18。

表 4 - 18　坐位体前屈描述性统计

性别	班级	人数	前测（cm）		后测（cm）	
			M	SD	M	SD
男	实验班	19	6.67	2.77	7.78	2.56
	对照班	20	8.06	2.74	9.07	2.89
女	实验班	16	9.08	5.06	10.47	4.78
	对照班	16	10.21	4.23	11.35	4.17
男 + 女	实验班	35	7.77	4.10	9.01	3.92
	对照班	36	9.01	3.59	10.08	3.64

前测结果显示，实验班与对照班男生坐位体前屈的均值分别是 6.67 cm 和 8.06 cm，女生坐位体前屈的均值分别是 9.08 cm 和 10.21 cm，女生柔韧素质好于男生。通过"后测 - 前测"得出坐位体前屈进步幅度，结果显示，实验班与对照班男生、女生和全班学生的坐位体前屈成绩都有所提高。实验班和对照班男生、女生和全班坐位体前屈成绩在实验期间都得到提高。

协方差分析结果显示（表4-19），实验班与对照班男生、女生坐位体前屈的后测成绩都没有显著性差异，整体上2个班级坐位体前屈的后测成绩同样没有显著性差异。研究表明，不同教学法指导的20 min中等强度运动技能和10 min中等强度体能组合练习都能够显著提高学生的坐位体前屈成绩，即提高了学生柔韧素质，且不同教学法指导的组合练习提高柔韧素质的效果相似。

表4-19　实验班与对照班坐位体前屈的协方差分析

性别	班级	N	M	SD	F	P
男	实验班	19	1.11	0.45	0.09	0.76
	对照班	20	1.02	0.63		
女	实验班	16	1.39	0.64	1.37	0.25
	对照班	16	1.14	0.35		
男+女	实验班	35	1.24	0.56	1.08	0.30
	对照班	36	1.07	0.52		

4.2.7　对青少年速度素质的影响结果

选取50 m跑作为速度素质的测评指标。采用描述性统计，得出实验班与对照班男生、女生和全班（男+女）50 m跑的前测、后测均值与标准差，见表4-20。

表4-20　50 m跑描述性统计

性别	班级	人数	前测（s）		后测（s）	
			M	SD	M	SD
男	实验班	19	9.48	0.71	9.27	0.67
	对照班	20	9.47	0.54	9.36	0.48
女	实验班	16	10.04	0.76	9.79	0.70
	对照班	16	10.18	0.89	10.03	0.84
男+女	实验班	35	9.74	0.78	9.51	0.72
	对照班	36	9.79	0.79	9.66	0.74

前测结果显示，实验班与对照班男生 50 m 跑均值分别是 9. 48 s 和 9. 47 s，女生 50 m 跑均值分别是 10. 04 s 和 10. 18 s，男生速度比女生快。通过"后测 - 前测"得出 50 m 跑进步幅度，结果显示，实验班与对照班男生、女生和全班学生的 50 m 跑时间都有所下降。实验班与对照班学生 50 m 跑时间在实验期间都显著下降，2 个班级学生的速度素质都得到了显著提高。

协方差分析结果显示（表 4 - 21），实验班男生 50 m 跑后测成绩显著低于对照班男生，实验班女生 50 m 跑后测成绩也显著低于对照班女生，整体上，实验班 50 m 跑后测成绩同样显著低于对照班。研究表明，不同教学法指导的 20 min 中等强度运动技能和 10 min 中等强度体能组合练习都能够提高学生 50 m 跑成绩，即提高学生速度素质，但提高速度素质的效果有显著性差异，新课程教学法指导的组合练习能更高效地提高学生速度素质。

表 4 - 21 实验班与对照班 50 m 跑的协方差分析

性别	班级	N	M	SD	F	P
男	实验班	19	- 0. 21	0. 10	10. 00	0. 00
	对照班	20	- 0. 12	0. 10		
女	实验班	16	- 0. 25	0. 16	7. 51	0. 01
	对照班	16	- 0. 14	0. 08		
男 + 女	实验班	35	- 0. 23	0. 13	17. 76	0. 00
	对照班	36	- 0. 13	0. 09		

4.2.8 对青少年心理健康的影响结果

采用描述性统计，得出实验班与对照班男生、女生和全班（男 + 女）心理健康的前测、后测均值与标准差，见表 4 - 22。

表 4-22　各班级学生心理健康描述性统计

性别	班级	人数	前测（分）		后测（分）	
			M	SD	M	SD
男	实验班	19	3.28	0.38	3.45	0.30
	对照班	20	3.30	0.30	3.43	0.31
女	实验班	16	3.27	0.33	3.44	0.31
	对照班	16	3.31	0.24	3.44	0.23
男+女	实验班	35	3.28	0.35	3.45	0.30
	对照班	36	3.30	0.27	3.44	0.27

　　前测结果显示，实验班与对照班男生心理健康得分的均值分别是 3.28 分和 3.30 分，女生心理健康得分的均值分别是 3.27 分和 3.31 分。心理健康的测评工具是《中学生心理健康量表》，量表采用李克特 5 级评分法，1~5 表示"完全不符合"~"完全符合"。从实验班与对照班男生、女生心理健康得分的均值看，男生和女生的总体心理健康水平一般。

　　通过"后测-前测"得出心理健康的进步幅度，结果显示，实验班与对照班男生、女生和全班的心理健康水平都有一定的提高，但进步幅度都比较小。与自身前测结果相比，实验班男生、女生和全班的心理健康后测结果没有显著提高，对照班男生、女生和全班的心理健康后测结果也没有显著提高。也就是说，实验班与对照班学生的心理健康在实验期间都没有得到显著提高。

　　协方差分析结果显示（表 4-23），实验班与对照班男生心理健康的后测成绩没有显著性差异，实验班与对照班女生心理健康的后测成绩也没有显著性差异，整体上 2 个班级心理健康的后测成绩同样没有显著性差异。研究表明，不同教学法指导的 20 min 中等强度运动技能和 10 min 中等强度体能组合练习都不能显著促进学生心理健康。

表4-23 实验班与对照班心理健康的协方差分析

性别	班级	N	M	SD	F	P
男	实验班	19	0.17	0.11	1.25	0.27
	对照班	20	0.14	0.08		
女	实验班	16	0.18	0.08	2.67	0.11
	对照班	16	0.14	0.05		
男+女	实验班	35	0.17	0.10	3.39	0.07
	对照班	36	0.14	0.07		

4.3 分析与讨论

4.3.1 对青少年体成分的影响分析

实验2选取了PBF和WHR作为青少年体成分的测评指标。经过12~14周、共36次课的干预，不同教学法指导的20 min中等强度运动技能和10 min中等强度体能组合练习都能够降低PBF，但降低PBF的效果有显著性差异，新课程教学法指导的组合练习能更高效地降低体脂含量。

实验班进行的是新课程教学法指导的20 min中等强度运动技能和10 min中等强度体能组合练习，对照班进行的是一般教学法指导的20 min中等强度运动技能和10 min中等强度体能组合练习，2个班级都进行了运动技能和体能组合练习，所以2个班级学生的PBF都显著下降。体脂氧化分解是一系列酶促反应，氧化分解脂肪酶的活性一般在20 min运动后逐渐上升，且随着运动时间的延长，脂肪供能比例也不断提高①。此外，体能练习通常可以保证运动负荷达到一定的水平，提高能量消耗。因此，不管是何种教学法指导的20 min中等强度运动技能和10 min中等强度体能组合练习都会降低体脂含量。

但在降低PBF的效果方面，新课程教学法指导的20 min中等强度运动技能和

---

① 杨锡让. 运动与身体成分：运动控制肥胖机制及应用研究［M］. 北京：北京体育大学出版社，1998.

10 min 中等强度体能组合练习的效果更好。运用新课程教学法的体育课堂教学是以学生为中心，站在学生的视角上去设计教学，教学活动更能满足学生运动需求，所以学生会十分积极地参加练习活动、游戏或比赛等，能量消耗会比较大。新课程教学法吸引学生参与运动，持续运动的时间变长，使脂肪分解酶的活性逐渐上升，脂肪供能比例不断提高。这对青少年体成分改善产生了较好的促进作用。

桑（Sang）通过实验研究发现，采用多媒体辅助体育教学，向学生呈现出动态的、完整的运动技术，可以显著提高学生的运动技能水平，改善体成分[①]。课堂中采用表演、小组竞赛、角色变换、动作接龙等游戏方法，可以更加显著地影响学生的体重和 BMI[②]。强调教师精讲、学生自主多练，鼓励学生反思自己的身体活动水平，合理设置练习目标，让学生在游戏或比赛中快乐地练习跑的教学法，可以显著降低小学生腰围和体脂含量，改善小学生的体成分[③]。在实验 1 中，实验班教师围绕"课程目标—学期目标—单元学习目标—课时学习目标"逻辑链，以"让学生体验到真实、完整的运动"为标准，制定难度适宜、可操作、可评价的目标；发展组合运动技能，并通过活动或比赛的方式，让学生学会在真实运动情境中运用组合运动技能，避免整节课孤立、静态地进行单个技术教学；承认个体差异，关注学生的进步幅度，使受过良好体育熏陶的学生，不论其天分如何，都喜欢参与体育活动。新课程教学法的实施更能满足学生的运动需求和使学生产生兴趣，课堂氛围变得更加活泼热烈。

在 WHR 指标上，不同教学法指导的 20 min 中等强度运动技能和 10 min 中等强度体能组合练习都不能降低男生 WHR，降低女生 WHR 的效果也比较小。实验 2 的实验对象是初一年级学生，实验对象正处于青春发育期，腰围和臀围会随着生长发育而自然变化，这对实验结果会产生一定程度的干扰。另外，实验 2 的干预时间是 12~14 周，时间短也可能是 WHR 下降不明显的原因。整体上，不同教学法

---

① SANG N. The effect of using multimedia teaching on student's exercise skill and physical factors or body composition [J]. Journal of Sport and Leisure Studies, 2009, 36 (5): 673–681.

② 萧林静，崔晓晖，陈彦. 健美操处方教学法对大学生健康素质的影响 [J]. 上海体育学院学报，2006, 30 (4): 87–91.

③ GORELY T, MORRIS J G, MUSSON H. Physical activity and body composition outcomes of the GreatFun Run intervention at 20 month follow–up [J]. International Journal of Behavioral Nutrition and Physical Activity, 2011, 8 (74): 1–11.

指导的 20 min 中等强度运动技能和 10 min 中等强度体能组合练习主要是通过降低青少年全身体脂含量去改善体成分的。

4.3.2 对青少年肌肉力量与耐力的影响分析

选取握力和立定跳远作为肌肉力量的测评指标，选取 1 min 仰卧起坐作为肌肉耐力的测评指标。经过 12~14 周、共 36 次课的干预，实验班与对照班学生的握力水平都得到了显著提高，且实验班的进步幅度与对照班的进步幅度没有显著性差异。这就表明不同教学法指导的 20 min 中等强度运动技能和 10 min 中等强度体能组合练习都能够显著提高学生的握力，且不同教学法指导的组合练习提高握力的效果相似。

在立定跳远指标上，实验班与对照班学生立定跳远成绩在实验干预后都得到了显著提高，实验班男生的进步幅度与对照班男生的进步幅度没有显著性差异，但实验班女生的进步幅度与对照班女生的进步幅度有显著性差异。研究表明，不同教学法指导的 20 min 中等强度运动技能和 10 min 中等强度体能组合练习都能够显著提高学生的下肢肌肉力量，但新课程教学法指导的组合练习能更高效地提高女生的下肢肌肉力量，不同教学法指导的组合练习提高男生的下肢肌肉力量的效果相似。

在 1 min 仰卧起坐指标上，出现了与握力相似的研究结果。实验干预后，实验班与对照班学生的 1 min 仰卧起坐次数都得到显著提高，且实验班的进步幅度与对照班的进步幅度没有显著性差异。研究表明，不同教学法指导的 20 min 中等强度运动技能和 10 min 中等强度体能组合练习都能够显著提高学生的肌肉耐力，且不同教学法指导的组合练习增强肌肉耐力的效果相似。

实验班与对照班体育课的基本部分都进行 20 min 中等强度运动技能和 10 min 中等强度体能组合练习，对肌肉力量和耐力可以产生明显的促进作用。肌肉力量与耐力的增强主要与练习的重复次数与强度有关，所以只要实验班与对照班教师都组织了相应的肌肉力量与耐力练习活动，学生的肌肉力量和耐力水平就会得到提高。冯庆梅实验研究的部分结果与本研究相似[①]。研究者从学生兴趣出发去选择

---

① 冯庆梅，余中华. 教学方法对大学生体质健康的影响：生命化体质健康教学法和传统教学法的对比研究 [J]. 西南师范大学学报（自然科学版），2016，41（8）：183－187.

教学内容，建立学习态度、过程、习惯和进步幅度等评价指标，采用游戏、自主合作探究的教学方法，教师扮演"导演"角色，负责组织引导等方面，构建出"生命化体质健康教学法"。通过实验研究发现，与对照班相比，实验班学生的肺活量、50 m跑、1000 m跑（男）／800 m跑（女）成绩显著提高，但实验班与对照班1 min仰卧起坐的进步幅度没有显著性差异。

也有研究发现，实验班采用文字形式或教学视频来呈现案例，教师将学生引入真实、完整运动情境中的教学法，可以显著提高学生立定跳远、1 min仰卧起坐和50 m跑的成绩，即显著提高了学生的肌肉力量、肌肉耐力和速度素质[1]。采用教师精讲、学生多练的教学方法，可以显著提高7～9岁儿童的肌肉力量[2]。在体育教学中，当教师试图提高学生的肌肉力量或耐力水平时，一定要重视力量练习的次数与强度，进行适宜的练习，这是获得良好效果的基础。

4.3.3 对青少年心肺功能的影响分析

选取肺活量、1000 m跑（男）和800 m跑（女）作为心肺功能的测评指标。经过12～14周、共36次课的干预，实验班与对照班学生的肺活量都得到了显著提高，但实验班的进步幅度显著高于对照班的进步幅度。研究表明，不同教学法指导的20 min中等强度运动技能和10 min中等强度体能组合练习都能够提高学生的肺活量，但提高肺活量的效果有显著性差异，新课程教学法指导的组合练习能更高效地提高学生的肺活量。

在1000 m跑（男）/800 m跑（女）指标上，实验班和对照班1000 m跑（男）/800 m跑（女）跑时间在实验干预后都出现了显著下降。实验班男生、女生中长跑时间的下降幅度显著高于对照班男生、女生的下降幅度。研究表明，不同教学法指导的20 min中等强度运动技能和10 min中等强度体能组合练习都能够提高青少年的耐力水平，但提高效果有显著性差异，新课程教学法指导的组合练习能更高效地提高青少年的耐力水平。埃里克森（Eriksson）认为，人体心肺功能

① 纪新涛. 案例教学法对大学生体育锻炼态度和体质健康水平的影响［J］. 中国成人教育，2015，17（2）：169－172.

② LOFGREN B，DALY R M，NILSSON J A. An increase in school－based physical education increase muscle strength in children［J］. Medicine and Science in Sports and Exercise，2013，45（5）：997－1003.

的增强与 60% ~75% HR_{max} 的运动强度和 10 min 以上的持续运动有关①。实验班与对照班都进行 20 min 中等强度运动技能和 10 min 中等强度体能组合练习，所以 2 个班级学生的心肺功能都得到了提高。

综合肺活量、1000 m 跑（男）/800 m 跑（女）的研究结果，新课程教学法指导的 20 min 中等强度运动技能和 10 min 中等强度体能组合练习能更高效地提高青少年的心肺功能。实验班体育教学实施新课程教学法，注重从"以教为主"向"以学为主"转变，除必要的示范和集体纠错外，学生在体育课的大部分时间应处于中等强度的运动状态中，教师可以采用巡回指导的方式，精讲多练，提高体育课运动密度。这些教学法的运用既将练习的时间还给了学生，使学生真正处于运动之中，保证了体育课练习密度，也增强了学生关心自己身心健康水平的意识，提高了练习的主动性。学生在新课程教学法营造的课堂氛围中，会全身心地投入练习活动，所获得的身心益处也会更加明显。

崔晓晖等通过实验研究发现，与一般体育教学相比，通过游戏或比赛的方式去练习排球技能，同时施加技战术配合学习，可以显著提高肺活量、1000 m 跑（男）/ 800 m 跑（女）跑的成绩②。魏建辉等研究也表明，按身体素质、心理健康状况将学生分成不同小组，采用启发定向、由乐入学、以学促乐、合作学习等学导式教学法，可以显著提高男生肺活量与 1000 m 跑的成绩③。从学生兴趣出发去选择教学内容，建立学习态度、过程、习惯和进步幅度等评价指标，采用游戏、自主合作探究的教学方法，教师扮演"导演"角色，负责组织引导等方面，构建出"生命化体质健康教学法"，也可以显著提高学生的肺活量、1000 m 跑（男）/ 800 m 跑（女）跑的成绩④。

对教师进行教育，提高教师运用教学法的能力，可以显著改善小学生体成分，

---

① ERIKSSON J G. Exercise and the treatment of type 2 diabetes mellitus [J]. Sports Medicine, 1999, 27 (6): 381 - 391.

② 崔晓晖，萧林静，李世远. 排球游戏教学法对高职大学生健康素质影响的实验 [J]. 首都体育学院学报, 2008, 20 (1): 69 - 72.

③ 魏建辉，陈彦. 篮球学导式教学法对大学生健康素质的影响 [J]. 上海体育学院学报, 2005, 29 (6): 80 - 83.

④ 冯庆梅，余中华. 教学方法对大学生体质健康的影响：生命化体质健康教学法和传统教学法的对比研究 [J]. 西南师范大学学报（自然科学版）, 2016, 41 (8): 183 - 187.

提高 20 m 往返跑的成绩①。有氧耐力练习往往是学生最不愿参与的身体练习活动。常见的 1000 m 跑（男）或 800 m 跑（女）的练习方法并不能很好地满足学生运动需求，多数情况下，学生是勉强或被迫参与练习。采用新课程教学法，关注学生的运动兴趣和运动中的情感体验，通过其他多种富有乐趣的练习方式，依然可以提高学生的心肺耐力。在体育教学实践中，教师应摒弃只用 1000 跑（男）／ 800 m 跑（女）或长时间的变速跑去发展学生的心肺功能，要注重练习手段的多样化和练习内容的趣味性。

4.3.4 对青少年柔韧素质的影响分析

采用坐位体前屈测评柔韧素质。经过 12 ～ 14 周、共 36 次课的干预，实验班与对照班学生的坐位体前屈成绩都得到了提高，且实验班的进步幅度与对照班的进步幅度相似。研究表明，不同教学法指导的 20 min 中等强度运动技能和 10 min 中等强度体能组合练习都能够显著提高学生的柔韧素质，且不同教学法指导的组合练习提高柔韧素质的效果相似。

柔韧素质的提高主要与长期有规律的拉伸有关，且动力性拉伸和静力性拉伸都能提高柔韧性，2 种练习的效果无显著性差异②，所以采用不同教学法的体育课，只要都进行有规律的拉伸练习，效果一般相差无几。冯庆梅等的实验研究结果与本研究相似。研究者从学生兴趣出发去选择教学内容，建立学习态度、过程、习惯和进步幅度等评价指标，采用游戏、自主合作探究的教学方法，教师扮演"导演"角色，负责组织引导等方面，构建出"生命化体质健康教学法"。与对照班相比，采用"生命化体质健康教学法"的体育课可以显著提高实验班学生的肺活量、50 m 跑、1000 m 跑（男）／ 800 m 跑（女）的成绩，但实验班学生柔韧素质的提高幅度与对照班的提高幅度相似，没有显著性差异③。青少年柔韧素质的提高有赖

---

① ZHOU Z X, REN H, YIN Z N, et al. A policy – driven multifaceted approach for early childhood physical fitness promotion：impacts on body compostion and physical fitness in young Chinese children［J］. BMC Pediatrics, 2014, 14, 118；

② YUKTASIR B, KAYA F. Investigation into the long – term effects of static and PNF stretching exercises on range of motion and jump performance［J］. Journal of Bodywork and Movement Therapies, 2009, 13（1）：11 –21.

③ 冯庆梅，余中华. 教学方法对大学生体质健康的影响：生命化体质健康教学法和传统教学法的对比研究［J］. 西南师范大学学报（自然科学版），2016, 41（8）：183 –187.

于长期进行有规律的拉伸练习，如果不保持规律性的拉伸练习，提高的效果会逐渐消失。教师在体育教学中应注重拉伸练习的规律性，可以在准备部分和体能练习部分交叉进行动力性拉伸与静力性拉伸。

4.3.5　对青少年速度素质的影响分析

采用 50 m 跑测评速度素质。经过 12～14 周、共 36 次课的干预，实验班与对照班学生 50 m 跑的时间都显著下降，但实验班的下降幅度显著高于对照班的下降幅度。研究表明，不同教学法指导的 20 min 中等强度运动技能和 10 min 中等强度体能组合练习都能够提高学生的速度素质，但提高速度素质的效果有显著性差异，新课程教学法指导的组合练习能更高效地提高学生的速度素质。

采用的教学法不同，速度素质提高的效果可能会完全不同。米哈埃拉（Mihaela）等研究发现，与采用一般教学法的体育课相比，采用问题导入、师生交流、练习与展示、分组比赛流程的体育课能显著提高 8～9 岁儿童的速度素质[1]。穆热亚（Mujea）的实验研究结果也表明，采用关注学生运动能力发展，逐步让其达到预定目标，形成成就感的教学法，可以显著提高实验班学生的速度素质[2]。采用新课程教学法的体育课，科学设置学习目标，为学生制定难度适宜的速度、灵敏与力量等发展目标，遴选出形式多样的速度练习内容，既通过多种组合技能的练习发展学生的速度素质，也通过一般或专项体能练习发展学生的速度素质，更加重视学生速度的进步幅度，真正发挥评价的激励功能。这些教学法的运用对学生速度素质的发展产生了较好的促进作用。

4.3.6　对青少年心理健康的影响分析

采用《中学生心理健康量表》测评青少年的心理健康水平。经过 12～14 周、共 36 次课的实验干预，实验班与对照班学生的心理健康水平都没有发生显著的变化。虽然实验 2 在实验 1 的基础上，采用一系列"以学生为中心"的新课程教学

① MIHAELA I T, LAURENTIU G. Teaching approach to enhance motor skills for students in primary school [J]. Procedia – Social and Behavioral Science, 2014, 152：746 – 751.

② MUJEA A. The improvement of speed in mentally deficient pupils through the use of differentiated instruction in the physical education lesson [J]. Procedia – Social and Behavioral Science, 2014, 117：534 – 538.

法去指导 20 min 中等强度运动技能和 10 min 中等强度体能组合练习，但依然没有显著提高青少年的心理健康水平。

心理健康一般具有稳定性，短时间的运动干预促进心理健康的效果会不太明显。殷恒婵等研究发现，持续 10 周、每周 3 次、每次 30 min "小手球 + 素质练习" 的体育课无法显著提高小学生的心理健康水平[①]。持续 8 周、每周 3 次体育课改善中学生情绪的效果不明显[②]。短时间的运动干预促进心理健康的效果会比较小，长期有规律地保持体育运动可能是获得心理健康益处的基础。

虽然运动会产生促进心理健康的效果，但心理健康同时受到其他多种因素的共同影响。例如，青少年面临的学业压力会抑制心理健康的发展，使得运动促进心理健康的效果被覆盖。因此，促进青少年心理健康除了需要延长运动干预的周期，可能还需要采用综合干预的方式。

4.3.7 对青少年身心健康影响的总分析

实验 2 选取了体脂百分比（PBF）、腰臀比（WHR）、握力、立定跳远、1 min 仰卧起坐、肺活量、1000 m 跑（男）／ 800 m 跑（女）、坐位体前屈、50 m 跑和心理健康共 10 个指标作为青少年身心健康的测评指标。表 4 - 24 呈现了实验班与对照班学生体质健康的进步幅度比较，"【实验班】＞对照班"表示实验班学生的进步幅度显著高于对照班的进步幅度。"无差异"表示在实验干预后，实验班与对照班学生在某个身心健康指标上都得到显著进步，但 2 个班级的进步幅度相似，没有显著性差异。"均无显著性变化"表示在实验干预后，实验班与对照班学生的某个身心健康指标都没有发生显著性变化。

表 4 - 24　实验班与对照班体质健康的进步幅度比较

序号	体质健康指标	男生	女生	全班
1	体脂百分比（PBF）	【实验班】＞对照班	【实验班】＞对照班	【实验班】＞对照班

① 殷恒婵，陈雁飞，张磊. 运动干预对小学生身心健康影响的实验研究［J］. 体育科学，2012，32（2）：14 - 27.
② 武海潭. 体育课不同运动负荷组合方式对少年儿童健康体适能及情绪状态影响的实验研究［D］. 上海：华东师范大学，2014.

续表

序号	体质健康指标	男生	女生	全班
2	腰臀比（WHR）	均无显著性变化	无差异	无差异
3	握力	无差异	无差异	无差异
4	立定跳远	无差异	【实验班】＞对照班	无差异
5	1 min仰卧起坐	无差异	无差异	无差异
6	肺活量	【实验班】＞对照班	【实验班】＞对照班	【实验班】＞对照班
7	1000 m跑（男）	【实验班】＞对照班		
	800 m跑（女）		【实验班】＞对照班	
8	坐位体前屈	无差异	无差异	无差异
9	50 m跑	【实验班】＞对照班	【实验班】＞对照班	【实验班】＞对照班
10	心理健康	均无显著性变化	均无显著性变化	均无显著性变化

在10个身心健康指标中，实验班在5个指标上的进步幅度显著高于对照班的进步幅度。在3个指标上，实验班的进步幅度与对照班的进步幅度相似，没有显著性差异。实验班女生立定跳远的进步幅度显著高于对照班女生的进步幅度，而实验班男生的进步幅度与对照班男生的进步幅度没有显著性差异。实验班男生与对照班男生的WHR在实验期间没有发生显著性变化，但实验班女生、全班的WHR和对照班女生、全班的WHR在实验期间都显著下降，且实验班女生的下降幅度与对照班女生的下降幅度没有显著性差异，实验班全班的下降幅度与对照班全班的下降幅度也没有显著性差异。实验班与对照班学生的心理健康在实验期间都没有发生显著性变化。整体而言，与一般教学法指导的20 min中等强度运动技能和10 min中等强度体能组合练习相比，新课程教学法指导的20 min中等强度运动技能和10 min中等强度体能组合练习能更高效地提高青少年体质健康水平。

4.4　结论与建议

4.4.1　结论

（1）一般教学法与新课程教学法指导的20 min中等强度运动技能和10 min中

等强度体能组合练习都能够显著降低青少年的 PBF，增强心肺功能，提高肌肉力量与耐力、柔韧和速度素质。

（2）与一般教学法指导的 20 min 中等强度运动技能和 10 min 中等强度体能组合练习相比，新课程教学法指导的 20 min 中等强度运动技能和 10 min 中等强度体能组合练习可以更高效地降低青少年的 PBF，增强心肺功能，提高速度素质。

（3）一般教学法与新课程教学法指导的 20 min 中等强度运动技能和 10 min 中等强度体能组合练习（持续 12~14 周，共 36 次课）促进青少年心理健康的效果都不明显。

4.4.2　建议

（1）体育课堂教学应进一步关注教学法的应用，体育教师不能只扮演教练的角色，要向体育教育者、育人者的角色转变。

（2）在尝试 20 min 中等强度运动技能和 10 min 中等强度体能组合练习时，教师应以国家课程标准中的课程目标和水平目标为导向，围绕"课程目标/水平目标—学期目标—单元学习目标—课时学习目标"逻辑链，去设置学习目标，从而将体育教学与课程目标紧密地衔接起来。

（3）尝试 20 min 中等强度运动技能和 10 min 中等强度体能组合练习时，运动技能学练应突出多种技能组合，通过活动和比赛情境创设，让学生学会运用运动技能。体能练习要注重与运动技能练习的相互补偿作用，确保趣味性和多样性。

（4）尝试 20 min 中等强度运动技能和 10 min 中等强度体能组合练习时，体育课堂教学应从"以教为主"向"以学为主"转变，除集体示范、讲解与纠错外，学生应处于中等强度运动状态中，教师可以采用巡回指导方式，精讲多练。

（5）体育教学应注重营造师生和谐互动、积极向上的课堂氛围，从而提高学生的积极性，改善学生的情绪状态。实施学习评价时，承认个体差异，关注学生进步幅度，使受过良好体育熏陶的学生，不论运动天赋如何，都喜欢参与体育活动。

5 实验3 一学年追踪研究：新课程教学法指导的 20 min 中等强度运动技能和 10 min 中等强度体能组合练习对儿童青少年身心健康的影响

实验1以初一年级学生为研究对象，探讨不同时间与强度的运动技能和体能组合练习对青少年身心健康的影响，研究表明，20 min 中等强度运动技能和 10 min 中等强度体能组合练习能最高效地促进青少年体质健康。在实验1的基础上，实验2继续以初一年级学生为研究对象，探讨不同教学法指导的 20 min 中等强度运动技能和 10 min 中等强度体能组合练习对青少年身心健康的影响。研究表明，新课程教学法指导的 20 min 中等强度运动技能和 10 min 中等强度体能组合练习能更高效地促进青少年体质健康。

这种运动技能和体能组合练习方式是否适合于小学和高中体育课堂，对儿童青少年体质健康的促进效果是否依然较好，尤其是在高中每周只有2次体育课的情况下效果如何，仍有待探讨。在实验1和实验2中，可能由于运动干预周期较短，运动技能和体能组合练习促进心理健康的效果不明显。实验3以五年级和高中一年级学生为研究对象，将运动干预周期延长至一学年，探讨新课程教学法指导的 20 min 中等强度运动技能和 10 min 中等强度体能组合练习对儿童青少年身心健康的影响。

实验3做出如下假设：与五年级对照班相比，五年级实验班学生的身心健康水平在一学年实验干预后得到显著提高。由于高中体育课时少，实验干预的持续性受限，所以与高一年级对照班相比，高一年级实验班学生的部分身心健康指标水平会得到显著提高，部分身心健康指标的提高幅度不明显。在各个身心健康指标的进步幅度均值方面，五年级学生的进步幅度均值会高于高一年级的进步幅度均值。

5.1　实验方法

5.1.1　实验对象

实验对象为 S 校五年级学生和 X 校高一年级学生，从五年级随机选取 1 个班作为实验班，随机选取 1 个班作为对照班；从高一年级随机选取 1 个班作为实验班，随机选取 1 个班作为对照班。询问学生既往病史、家族遗传与心血管疾病、身体状况等，身体有潜在问题的学生不参与教学实验。本次实验对象 145 人：五年级共有 71 人，实验班 36 人（男生 18 人，女生 18 人），对照班 35 人（男生 17 人，女生 18 人）；高一年级共有 74 人，实验班 36 人（男生 17 人，女生 19 人），对照班 38 人（男生 19 人，女生 19 人）。各实验班和对照班学生年龄、身高和体重的均值与标准差见表 5 – 1。

表 5 – 1　各实验班和对照班学生年龄、身高和体重的均值与标准差

年级	班级	人数	年龄（岁）	身高（cm）	体重（kg）
五年级	实验班	36	11.00 ± 0.54	141.83 ± 5.74	35.21 ± 6.04
	对照班	35	11.11 ± 0.63	144.74 ± 6.02	36.93 ± 6.02
高一年级	实验班	36	16.14 ± 0.72	166.07 ± 8.36	59.61 ± 14.27
	对照班	38	16.26 ± 0.83	167.61 ± 7.41	55.86 ± 13.95

5.1.2　实验程序

实验 3 从 2017 年 3 月初开始，至 2017 年 12 月末结束。在正式实验前 3 个月（2017 年 1 月 1 日后），确定教师 D 负责五年级实验班教学，教师 E 负责高一年级实验班教学，将实验 1 和实验 2 中的运动技能和体能教学设计、实验方案、教学法方案等资料分发给教师 D 和教师 E，并对他们进行为期 3 周、每周 2 次、每次 1 小时的培训，同他们一起应用 Polar 遥测心率仪去监测不同身体练习活动的强度，指导他们在学期剩余的体育课中，尝试应用新课程教学法指导的 20 min 中等强度运

动技能和 10 min 中等强度体能组合练习方式。

在学期第一周开展预实验，实验主试陪同教师 D 和教师 E 进行 10 次课的预实验教学，确保他们在正式实验前，能够在体育课基本部分应用新课程教学指导的 20 min 中等强度运动技能和 10 min 中等强度体能组合练习方式。学期第二周，实验主试配合教师 D 和教师 E 完成学生体质健康和心理健康的前测，并制订学期教学计划。学期第三周正式进行实验班的教学，在每个班的第一节课前，教会学生佩戴 Polar 遥测心率仪的方法，每节课随机抽取 28 名学生（14 名男生，14 名女生）佩戴 Polar 遥测心率仪。实验班教学期间，实验主试依然会继续监控 Polar 遥测心率仪和观察运动技能与体能练习时间，在运动强度不足或实验班教师遗忘运动技能和体能练习时间的情况下，会对实验班教师给予提醒。

按实验计划，五年级每学期需完成 12 周，每周 3 次课，共 36 次课的教学，高一年级每学期需完成 12 周，每周 2 次课，共 24 次课的教学，但在实际情况下，体育教学会受天气、假日、学校活动等影响而停课，本研究采取的办法是停课之后顺延，最终确保每个班级都完成实验要求的课时。第二学期，待各实验班完成实验要求的教学课时后，教师 D 和教师 E 进行学生体质健康和心理健康的后测。

小学五年级对照班由教师 F 负责教学，高一年级对照班由教师 G 负责教学。对照班同样在第一学期第二周完成体质健康和心理健康的前测，第二学期完成实验要求的教学课时后，两位教师进行体质健康和心理健康的后测。

5.1.3 实验干预方案

在实验 3 中，五年级与高一年级每节体育课都为 45 min，2 个年级实验班体育课的基本部分进行 20 min 中等强度运动技能和 10 min 中等强度体能组合练习，2 个年级对照班体育课的基本部分只进行 30 min 运动技能练习。为了避免运动项目对实验结果的干扰，各年级实验班和对照班的运动技能练习内容都为篮球。虽然有的教师会在一学年体育教学中教授多种运动项目，但考虑到对实验结果的干扰，以及避免出现样样都学，样样都不精的结果，实验 3 将一学年的运动技能练习内容都安排为篮球，期望学生通过一学年的持续练习，较熟练地掌握篮球技能。五年级和高一年级实验班都进行 10 min 中等强度体能练习。体能练习内容分一般体能练习内容和专项体能练习内容，每节课只选择一种内容进行体能练习。

对五年级和高一年级对照班教学不做干预，按一般教学方式正常教学，并告知对照班教师不用刻意模仿实验班的教学方式。

5.1.4　身心健康测试

5.1.4.1　体质健康测试

主要从体成分、肌肉力量、肌肉耐力、心肺功能、柔韧素质和速度素质六个方面测试青少年的体质健康水平，每个方面的测试指标如下。

①体成分：体脂百分比、腰臀比。②肌肉力量：握力体重指数、立定跳远。③肌肉耐力：1 min 仰卧起坐。④心肺功能：肺活量，小学生 50 m×8 往返跑，高中生 1000 m 跑（男）／800 m 跑（女）。⑤柔韧素质：坐位体前屈。⑥速度素质：50 m 跑。

除小学生 50 m×8 往返跑指标外，其他体质健康指标的测试方法同实验 1。小学生 50 m×8 往返跑采用国家学生体质健康测试中的方法。

5.1.4.2　心理健康测试

采用张颖、郑日昌编制的《小学生心理健康量表》①② 测量五年级学生的心理健康水平。《小学生心理健康量表》共 42 道测试题，采用李克特 5 级评分法，1～5 表示"完全不符合"～"完全符合"。量表的重测信度和同质性信度检验结果表明，量表的信度良好。验证性因子分析的结果表明量表的结构效度良好。

采用苏丹、黄希庭编制的《中学生心理健康量表》③④ 测量高一年级学生的心理健康水平。《中学生心理健康量表》共 25 道测试题，采用李克特 5 级评分法，1～5 表示"完全不符合"～"完全符合"。量表的内部一致性为 0.834，分半信度系数为 0.849，表明量表具有较好的信度。验证性因子分析的结果表明量表的结构效度良好。

---

① 张颖. 小学生心理健康的结构和特点研究 ［D］. 北京：北京师范大学，2005.

② 郑日昌，张颖，刘视湘. 小学生心理健康的结构和量表编制 ［J］. 教育测量与评价，2008，1（2）：30－34.

③ 苏丹. 适应取向中学生心理健康量表的初步编制 ［D］. 重庆：西南大学，2007.

④ 苏丹，黄希庭. 中学生适应取向的心理健康结构初探 ［J］. 心理科学，2007，30（6）：1290－1294.

5.1.5 统计分析方法

实验3采用的是单因素两组前测、后测设计，采用协方差分析处理实验数据，将身心健康指标的前测成绩作为协变量，组别（实验班与对照班）作为自变量，身心健康指标的后测成绩作为因变量，得出实验班与对照班身心健康指标变化的显著性检验结果，从而判断实验干预的效果[①]。

如果实验班与对照班身心健康指标的变化没有显著性差异，便使用配对样本 T 检验，分析与自身前测相比，各班级身心健康指标的后测结果是否出现显著提高。

5.2 研究结果

5.2.1 运动强度监测结果

采用Ploar遥测心率仪去监控运动强度。五年级在一学年内共完成72次课，高一年级在一学年内共完成48次课，实验期间各年级实验班与对照班每节课平均心率的范围及其均值与标准差，见表5-2。

表5-2 各班级实验期间每节课平均心率的范围（$M \pm SD$）

年级	练习	实验班	对照班
五年级	运动技能练习	141~152	125~142
	$M \pm SD$	145.4 ±1.5	138.0 ±3.3
	体能练习	140~155	无体能练习
	$M \pm SD$	150.1 ±3.7	
高一年级	运动技能练习	137~152	125~141
	$M \pm SD$	144.5 ±2.8	136.9 ±4.6
	体能练习	140~154	无体能练习
	$M \pm SD$	148.9 ±4.1	

---

① 张力为.体育科学研究方法 [M].北京：高等教育出版社，2012：136.

从运动技能练习强度的监控结果看，五年级实验班每次课的平均心率范围在141～152 次/min，对照班每次课的平均心率范围在 125～142 次/min。按照美国运动医学学会界定的中等强度心率范围计算公式［中等强度心率范围＝（220－年龄）×（65%～75%）］，11 岁青少年中等运动强度的心率范围一般在 135～158 次/min，表明实验班的运动技能练习强度达到了实验要求的中等强度，而对照班有的课时运动技能练习是中等强度，有的课时没有达到中等强度。

高一年级实验班每次课运动技能练习的平均心率范围在 137～152 次/min，对照班每次课的平均心率范围在 125～141 次/min。16 岁青少年中等运动强度的心率一般在 132～153 次/min，表明实验班的运动技能练习强度达到了实验要求的中等强度，而对照班有的课时运动技能练习是中等强度，有的课时没有达到中等强度。五年级实验班每次课体能练习的平均心率在 140～155 次/min，高一年级在 140～154 次/min，表明练习强度达到了中等强度。

5.2.2　对儿童青少年体成分的影响结果

5.2.2.1　对儿童青少年 PBF 的影响结果

采用描述性统计，得出 2 个年级实验班与对照班男生、女生和全班（男＋女）PBF 的前测、后测均值与标准差，见表 5－3。

表 5－3　各班级学生 PBF 描述性统计

年级	性别	班级	人数	前测		后测	
				M	SD	M	SD
五年级	男	实验班	18	14.51	4.97	13.92	4.72
		对照班	17	14.25	5.48	14.17	5.35
	女	实验班	18	16.92	6.48	16.47	6.32
		对照班	18	15.18	5.61	15.09	5.48
	男＋女	实验班	36	15.72	5.82	15.19	5.65
		对照班	35	14.73	5.48	14.64	5.36

年级	性别	班级	人数	前测		后测	
				M	*SD*	*M*	*SD*
高一年级	男	实验班	17	15.18	5.67	15.01	5.53
		对照班	19	14.46	6.20	14.35	6.13
	女	实验班	19	17.80	7.09	17.43	6.83
		对照班	19	17.23	6.68	17.11	6.71
	男 + 女	实验班	36	16.56	6.50	16.29	6.28
		对照班	38	15.84	6.51	15.73	6.49

前测结果显示，五年级实验班与对照班男生 PBF 均值分别是 14.51 和 14.25，实验班与对照班女生 PBF 均值分别是 16.92 和 15.18；高一年级实验班与对照班男生 PBF 均值分别是 15.18 和 14.46，实验班与对照班女生 PBF 均值分别是 17.80 和 17.23。女生 PBF 含量高于同龄男生 PBF。

通过"后测 – 前测"得出实验班与对照班男生、女生和全班 PBF 进步幅度。结果显示，2 个年级实验班与对照班男生、女生和全班 PBF 出现了不同程度的下降。2 个年级实验班的进步幅度都大于对照班的进步幅度。五年级实验班的进步幅度大于高一年级实验班的进步幅度。采用协方差分析，以 PBF 前测为协变量，组别（实验班与对照班）为自变量，PBF 后测为因变量，分析实验班与对照班 PBF 的变化是否存在显著性差异。

协方差分析结果显示（表 5-4），在将五年级实验班与对照班男生、女生和全班 PBF 前测作为协变量控制的情况下，实验班男生 PBF 后测显著低于对照班男生，实验班女生 PBF 后测也显著低于对照班女生，整体上，实验班 PBF 后测同样显著低于对照班。研究表明，与一般体育教学相比，新课程教学法指导的 20 min 中等强度运动技能和 10 min 中等强度体能组合练习能够显著降低五年级学生 PBF。

表 5 - 4   实验班与对照班 PBF 的协方差分析

年级	性别	班级	N	M	SD	F	P
五年级	男	实验班	18	−0.59	0.52	12.65	0.00
		对照班	17	−0.08	0.39		
	女	实验班	18	−0.45	0.20	20.13	0.00
		对照班	18	−0.09	0.31		
	男 + 女	实验班	36	−0.53	0.40	26.56	0.00
		对照班	35	−0.09	0.34		
高一年级	男	实验班	17	−0.17	0.34	0.26	0.62
		对照班	19	−0.11	0.30		
	女	实验班	19	−0.37	0.39	5.89	0.02
		对照班	19	−0.12	0.26		
	男 + 女	实验班	36	−0.27	0.38	4.51	0.04
		对照班	38	−0.11	0.28		

注：M 指"后测 – 前测"差值的均值，同以下协方差分析表中的 M、SD 为对应的标准差。

在将高一年级实验班与对照班男生、女生和全班 PBF 前测作为协变量控制的情况下，实验班男生 PBF 后测与对照班男生后测没有显著性差异，实验班女生 PBF 后测显著低于对照班女生，整体上，实验班 PBF 后测也显著低于对照班。与自身前测相比，实验班男生与对照班男生 PBF 后测都没有发生显著性变化。研究表明，与一般体育教学相比，新课程教学法指导的 20 min 中等强度运动技能和 10 min 中等强度体能组合练习能够显著降低高一年级女生 PBF，降低高一年级男生 PBF 的效果不明显。

5.2.2.2   对儿童青少年 WHR 的影响结果

采用描述性统计，得出 2 个年级实验班与对照班男生、女生和全班 WHR 的前测、后测均值与标准差，见表 5 – 5。与 PBF 等指标有所不同，WHR 的数值较小，所以 WHR 均值和标准差都保留了 3 位小数。

表 5 – 5 各班级学生 WHR 描述性统计

年级	性别	班级	N	M	SD	F	P
五年级	男	实验班	18	0.799	0.033	0.794	0.027
		对照班	17	0.804	0.022	0.800	0.019
	女	实验班	18	0.757	0.027	0.746	0.026
		对照班	18	0.746	0.032	0.740	0.032
	男 + 女	实验班	36	0.778	0.036	0.770	0.036
		对照班	35	0.774	0.040	0.769	0.040
高一年级	男	实验班	17	0.826	0.060	0.829	0.063
		对照班	19	0.811	0.033	0.817	0.056
	女	实验班	19	0.779	0.054	0.770	0.055
		对照班	19	0.749	0.044	0.756	0.053
	男 + 女	实验班	36	0.801	0.061	0.793	0.068
		对照班	38	0.780	0.050	0.787	0.062

前测结果显示，五年级实验班与对照班男生 WHR 均值分别是 0.799 和 0.804，实验班与对照班女生 WHR 均值分别是 0.757 和 0.746；高一年级实验班与对照班男生 WHR 均值分别是 0.826 和 0.811，实验班与对照班女生 WHR 均值分别是 0.779 和 0.749。男生 WHR 一般高于同龄女生 WHR。

通过"后测 – 前测"得出实验班与对照班男生、女生和全班 WHR 进步幅度。结果显示，五年级实验班与对照班男生、女生和全班 WHR 都出现下降，而高一年级实验班女生和全班 WHR 出现下降，男生 WHR 出现上升，对照班男生、女生和全班 WHR 都出现上升。以 WHR 前测为协变量，组别（实验班与对照班）为自变量，WHR 后测为因变量，采用协方差分析实验班与对照班 WHR 变化是否存在显著性差异。

协方差分析结果显示（表 5 – 6），在将五年级实验班与对照班男生、女生和全班 WHR 前测作为协变量控制的情况下，实验班男生 WHR 后测与对照班男生 WHR 后测没有显著性差异，实验班女生 WHR 后测与对照班女生 WHR 后测也没有显著性差异，整体上，实验班 WHR 后测与对照班 WHR 后测同样没有显著性差异。与自身前测相比，五年级实验班男生、女生和全班 WHR 后测没有显著性变化，五年级对照班男生、女生和全班 WHR 后测也没有显著性变化。研究表明，一般体育教学和新课程教学法指导的 20 min 中等强度运动技能和 10 min 中等强度体能组合练习都不能显著降低五年级学生 WHR。

表 5 - 6　实验班与对照班 WHR 的协方差分析

年级	性别	班级	N	M	SD	F	P
五年级	男	实验班	18	- 0. 005	0. 013	0. 41	0. 53
		对照班	17	- 0. 004	0. 010		
	女	实验班	18	- 0. 011	0. 012	1. 53	0. 23
		对照班	18	- 0. 006	0. 009		
	男 + 女	实验班	36	- 0. 008	0. 013	1. 22	0. 27
		对照班	35	- 0. 005	0. 009		
高一年级	男	实验班	17	0. 003	0. 036	0. 01	0. 91
		对照班	19	0. 006	0. 045		
	女	实验班	19	- 0. 009	0. 038	1. 43	0. 24
		对照班	19	0. 007	0. 051		
	男 + 女	实验班	36	- 0. 006	0. 038	1. 64	0. 21
		对照班	36	0. 007	0. 048		

　　将高一年级实验班与对照班男生、女生和全班 WHR 前测作为协变量，实验班男女生 WHR 后测与对照班男生、女生 WHR 后测没有显著性差异，整体上，实验班 WHR 后测与对照班 WHR 后测同样没有显著性差异。与自身前测相比，高一年级实验班男生、女生和全班 WHR 后测没有显著性变化，高一年级对照班男生、女生和全班的 WHR 后测也没有显著性变化。研究表明，一般体育教学和新课程教学法指导的 20 min 中等强度运动技能和 10 min 中等强度体能组合练习都不能显著降低高一年级学生 WHR。

5.2.3　对儿童青少年肌肉力量的影响结果

5.2.3.1　对儿童青少年握力的影响结果

　　采用描述性统计，得出 2 个年级实验班与对照班男生、女生和全班握力的前测、后测均值与标准差，见表5-7。

表5-7 各班级学生握力描述性统计

年级	性别	班级	人数	前测（kg）		后测（kg）	
				M	SD	M	SD
五年级	男	实验班	18	19.09	2.56	22.31	2.50
		对照班	17	19.58	2.55	20.99	2.73
	女	实验班	18	14.86	1.44	17.99	1.51
		对照班	18	14.75	2.64	16.38	2.27
	男+女	实验班	36	16.97	2.96	20.15	2.99
		对照班	35	17.10	3.54	18.62	3.40
高一年级	男	实验班	17	40.24	6.14	43.23	5.73
		对照班	19	36.95	7.04	38.29	7.30
	女	实验班	19	24.50	3.71	27.10	3.49
		对照班	19	22.45	3.22	23.47	3.11
	男+女	实验班	36	31.94	9.37	34.72	9.38
		对照班	38	29.70	9.12	30.88	9.33

前测结果显示，五年级实验班与对照班男生握力均值分别是19.09 kg和19.58 kg，女生握力均值分别是14.86 kg和14.75 kg；高一年级实验班与对照班男生握力均值分别是40.24 kg和36.95 kg，女生握力均值分别是24.50 kg和22.45 kg。男生握力高于同龄女生握力。

通过"后测-前测"得出实验班与对照班男生、女生和全班握力的进步幅度。结果显示，各年级实验班与对照班男生、女生和全班的握力都有所提高，实验班的进步幅度明显大于对照班的进步幅度。五年级实验班和高一年级实验班的握力进步幅度相似。采用协方差分析，以握力前测为协变量，组别（实验班与对照班）为自变量，握力后测为因变量，分析各年级实验班与对照班握力的变化是否存在显著性差异。

协方差分析结果显示（表5-8），在将五年级实验班与对照班男生、女生和全班握力前测作为协变量控制的情况下，实验班男生的握力后测显著高于对照班男生，实验班女生的握力后测也显著高于对照班女生，整体上实验班的握力后测同样显著高于对照班。研究表明，与一般体育教学相比，新课程教学法指导的 20 min 中等强度运动技能和 10 min 中等强度体能组合练习能够显著提高五年级学生的上肢肌肉力量。

表 5 - 8　实验班与对照班握力的协方差分析

年级	性别	班级	N	M	SD	F	P
五年级	男	实验班	18	3.22	0.96	39.31	0.00
		对照班	17	1.41	0.67		
	女	实验班	18	3.13	1.06	20.71	0.00
		对照班	18	1.63	1.15		
	男 + 女	实验班	36	3.18	1.00	52.99	0.00
		对照班	35	1.52	0.94		
高一年级	男	实验班	17	2.99	1.55	5.81	0.02
		对照班	19	1.34	2.68		
	女	实验班	19	2.60	1.63	9.75	0.00
		对照班	19	1.02	2.35		
	男 + 女	实验班	36	2.78	1.58	10.85	0.00
		对照班	38	1.18	2.49		

在将高一年级实验班与对照班男生、女生和全班握力前测作为协变量控制的情况下，实验班男生的握力后测显著高于对照班男生，实验班女生的握力后测也显著高于对照班女生，整体上实验班的握力后测同样显著高于对照班。研究表明，与一般体育教学相比，新课程教学法指导的 20 min 中等强度运动技能和 10 min 中等强度体能组合练习能够显著提高高一年级学生的上肢肌肉力量。

5.2.3.2　对儿童青少年立定跳远的影响结果

采用描述性统计，得出 2 个年级实验班与对照班男生、女生和全班（男 + 女）立定跳远的前测、后测均值与标准差，见表 5 - 9。

表5-9　立定跳远描述性统计

年级	性别	班级	人数	前测（m）		后测（m）	
				M	SD	M	SD
五年级	男	实验班	18	1.60	0.12	1.68	0.13
		对照班	17	1.52	0.13	1.55	0.13
	女	实验班	18	1.39	0.10	1.48	0.09
		对照班	18	1.35	0.15	1.39	0.15
	男+女	实验班	36	1.49	0.15	1.57	0.15
		对照班	35	1.43	0.17	1.46	0.17
高一年级	男	实验班	17	2.20	0.19	2.25	0.19
		对照班	19	1.99	0.21	2.02	0.20
	女	实验班	19	1.52	0.16	1.58	0.16
		对照班	19	1.49	0.15	1.52	0.14
	男+女	实验班	36	1.84	0.38	1.90	0.38
		对照班	38	1.74	0.31	1.77	0.31

前测结果显示，五年级实验班与对照班男生立定跳远的均值分别是1.60 m和1.52 m，女生立定跳远的均值分别是1.39 m和1.35 m；高一年级实验班与对照班男生立定跳远的均值分别是2.20 m和1.99 m，女生立定跳远的均值分别是1.52 m和1.49 m。男生立定跳远成绩高于同龄女生立定跳远成绩。

通过"后测-前测"得出实验班与对照班男生、女生和全班立定跳远的进步幅度。结果显示，各年级实验班与对照班学生的立定跳远成绩都有所提高，实验班的进步幅度明显大于对照班的进步幅度，五年级实验班的进步幅度大于高一年级实验班的进步幅度。采用协方差分析，以立定跳远前测为协变量，组别（实验班与对照班）为自变量，立定跳远后测为因变量，分析各年级实验班与对照班立定跳远的变化是否存在显著性差异。

协方差分析结果显示（表5-10），在将五年级实验班与对照班男生、女生和全班立定跳远前测作为协变量控制的情况下，实验班男生的立定跳远后测显著高于对照班男生，实验班女生的立定跳远后测也显著高于对照班女生，整体上，实验班的立定跳远后测同样显著高于对照班。研究表明，与一般体育教学相比，新课程教学法指导的 20 min 中等强度运动技能和 10 min 中等强度体能组合练习能够显著提高五年级学生的立定跳远成绩，即显著提高儿童的下肢肌肉力量。

表 5 – 10　实验班与对照班立定跳远的协方差分析

年级	性别	班级	N	M	SD	F	P
五年级	男	实验班	18	0.08	0.02	67.14	0.00
		对照班	17	0.03	0.01		
	女	实验班	18	0.09	0.03	40.05	0.00
		对照班	18	0.04	0.01		
	男 + 女	实验班	36	0.08	0.03	97.12	0.00
		对照班	35	0.03	0.01		
高一年级	男	实验班	17	0.05	0.05	6.70	0.01
		对照班	19	0.03	0.03		
	女	实验班	19	0.06	0.03	13.42	0.00
		对照班	19	0.03	0.03		
	男 + 女	实验班	36	0.06	0.04	17.32	0.00
		对照班	38	0.03	0.03		

在将高一年级实验班与对照班男生、女生和全班立定跳远前测作为协变量控制的情况下，实验班男生的立定跳远后测显著高于对照班男生，实验班女生的立定跳远后测也显著高于对照班女生，整体上，实验班的立定跳远后测同样显著高于对照班。研究表明，与一般体育教学相比，新课程教学法指导的 20 min 中等强度运动技能和 10 min 中等强度体能组合练习能够显著提高高一年级学生的立定跳远成绩，即显著提高了青少年的下肢肌肉力量。

5.2.4　对儿童青少年肌肉耐力的影响结果

采用描述性统计，得出 2 个年级实验班与对照班男生、女生和全班（男 + 女）1 min 仰卧起坐的前测、后测均值与标准差，见表 5 – 11。

表 5 - 11 各班级学生 1 min 仰卧起坐描述性统计

年级	性别	班级	人数	前测（次）		后测（次）	
				M	SD	M	SD
五年级	男	实验班	18	27. 39	8. 89	32. 56	8. 18
		对照班	17	31. 00	12. 00	34. 06	10. 83
	女	实验班	18	23. 94	9. 59	28. 50	9. 18
		对照班	18	29. 89	6. 57	32. 67	6. 14
	男 + 女	实验班	36	25. 67	9. 28	30. 53	8. 81
		对照班	35	30. 43	9. 47	33. 34	8. 63
高一年级	男	实验班	17	30. 53	5. 13	33. 88	5. 72
		对照班	19	32. 68	4. 14	34. 26	4. 42
	女	实验班	19	18. 26	4. 79	22. 16	4. 34
		对照班	19	24. 84	7. 97	26. 16	8. 19
	男 + 女	实验班	36	24. 06	7. 90	27. 69	7. 74
		对照班	38	28. 76	7. 42	30. 21	7. 68

前测结果显示，五年级实验班与对照班男生 1 min 仰卧起坐的均值分别是 27. 39 次和 31. 00 次，女生 1 min 仰卧起坐的均值分别是 23. 94 次和 29. 89 次。高一年级实验班与对照班男生 1 min 仰卧起坐的均值分别是 30. 53 次和 32. 68 次，女生 1 min 仰卧起坐的均值分别是 18. 26 次和 24. 84 次。男生 1 min 仰卧起坐的次数高于同龄女生 1 min 仰卧起坐的次数。

通过"后测 – 前测"得出实验班与对照班男生、女生和全班 1 min 仰卧起坐的进步幅度。结果显示，各年级实验班与对照班学生的 1 min 仰卧起坐成绩都有所提高，实验班的进步幅度明显大于对照班的进步幅度，五年级实验班的进步幅度大于高一年级实验班的进步幅度。采用协方差分析，以 1 min 仰卧起坐前测为协变量，组别（实验班与对照班）为自变量，1 min 仰卧起坐后测为因变量，分析各年级实验班与对照班 1 min 仰卧起坐的变化是否存在显著性差异。

协方差分析结果显示（表5－12），将五年级实验班与对照班男生、女生和全班 1 min 仰卧起坐的前测作为协变量，实验班男生 1 min 仰卧起坐的后测显著高于对照班男生，实验班女生 1 min 仰卧起坐的后测也显著高于对照班女生，整体上，实验班 1 min 仰卧起坐的后测同样显著高于对照班。研究表明，与一般体育教学相比，新课程教学法指导的 20 min 中等强度运动技能和 10 min 中等强度体能组合练习能够显著提高五年级学生的 1 min 仰卧起坐成绩，即显著提高儿童的肌肉耐力。

表 5－12　实验班与对照班 1 min 仰卧起坐的协方差分析

年级	性别	班级	N	M	SD	F	P
五年级	男	实验班	18	5.17	1.50	14.96	0.00
		对照班	17	3.06	1.82		
	女	实验班	18	4.56	1.46	9.09	0.01
		对照班	18	2.78	1.31		
	男＋女	实验班	36	4.86	1.50	22.71	0.00
		对照班	35	2.91	1.56		
高一年级	男	实验班	17	3.35	1.77	4.62	0.03
		对照班	19	1.58	2.69		
	女	实验班	19	3.90	1.49	4.32	0.04
		对照班	19	1.32	3.48		
	男＋女	实验班	36	3.63	1.62	10.81	0.00
		对照班	38	1.45	3.07		

将高一年级实验班与对照班男生、女生和全班 1 min 仰卧起坐的前测作为协变量，实验班男生、女生 1 min 仰卧起坐的后测显著高于对照班男生、女生，整体上，实验班 1 min 仰卧起坐的后测同样显著高于对照班。研究表明，与一般体育教学相比，新课程教学法指导的 20 min 中等强度运动技能和 10 min 中等强度体能组合练习能够显著提高高一年级学生的 1 min 仰卧起坐成绩，即显著提高青少年的肌肉耐力。

5.2.5 对儿童青少年心肺功能的影响结果

5.2.5.1 对儿童青少年肺活量的影响结果

采用描述性统计，得出2个年级实验班与对照班男生、女生和全班（男＋女）肺活量的前测、后测均值与标准差，见表5－13。

表5－13 各班级学生肺活量描述性统计

年级	性别	班级	人数	前测（mL）		后测（mL）	
				M	SD	M	SD
五年级	男	实验班	18	1331.61	269.97	1502.17	267.41
		对照班	17	1465.94	306.83	1533.24	317.95
	女	实验班	18	1170.22	329.37	1338.61	335.78
		对照班	18	1255.56	258.03	1330.22	223.61
	男＋女	实验班	36	1250.92	307.88	1420.39	310.44
		对照班	35	1357.74	298.29	1428.83	288.40
高一年级	男	实验班	17	3337.06	627.53	3430.12	609.28
		对照班	19	3153.74	532.80	3193.68	520.42
	女	实验班	19	2376.00	459.85	2470.79	442.17
		对照班	19	2238.11	342.21	2294.21	336.83
	男＋女	实验班	36	2829.83	724.94	2923.81	711.46
		对照班	38	2695.92	640.57	2743.95	628.24

前测结果显示，五年级实验班与对照班男生肺活量均值分别是1331.61 mL 和1465.94 mL，实验班与对照班女生肺活量均值分别是1170.22 mL 和1255.56 mL；高一年级实验班与对照班男生肺活量均值分别是3337.06 mL 和3153.74 mL，实验班与对照班女生肺活量均值分别是2376.00 mL 和2238.11 mL。男生肺活量比同龄女生肺活量高。

通过"后测－前测"得出各年级实验班与对照班肺活量的进步幅度。结果显示，各年级实验班与对照班男生、女生的肺活量都有所提高，实验班的进步幅度大于对照班的进步幅度，五年级实验班的进步幅度大于高一年级实验班的进步幅度。采用协方差分析，以肺活量前测为协变量，组别（实验班与对照班）为自变量，肺活量后测为因变量，分析各年级实验班与对照班肺活量的变化是否存在显著性差异。

协方差分析结果显示（表5－14），五年级实验班男生、女生肺活量的后测显著高于对照班男女生，整体上，实验班肺活量的后测同样显著高于对照班。研究表明，与一般体育教学相比，新课程教学法指导的20 min中等强度运动技能和10 min中等强度体能组合练习能够显著提高五年级学生的肺活量。

表5－14　实验班与对照班肺活量的协方差分析

年级	性别	班级	N	M	SD	F	P
五年级	男	实验班	18	170.56	58.00	22.24	0.00
		对照班	17	67.30	65.00		
	女	实验班	18	168.39	110.15	7.58	0.01
		对照班	18	74.66	77.41		
	男＋女	实验班	36	169.47	86.76	24.34	0.00
		对照班	35	71.09	70.69		
高一年级	男	实验班	17	93.06	93.88	4.23	0.04
		对照班	19	39.94	81.95		
	女	实验班	19	94.79	67.92	4.45	0.04
		对照班	19	56.10	63.37		
	男＋女	实验班	36	93.98	80.01	7.92	0.01
		对照班	38	48.03	72.72		

高一实验班男生肺活量的后测显著高于对照班男生，实验班女生肺活量的后测也显著高于对照班女生，整体上，实验班肺活量的后测同样显著高于对照班。研究表明，与一般体育教学相比，新课程教学法指导的20 min中等强度运动技能和10 min中等强度体能组合练习能够显著提高高一年级学生的肺活量。

5.2.5.2　对儿童50 m×8往返跑的影响结果

采用描述性统计，得出五年级实验班与对照班男生、女生和全班（男＋女）50 m×8往返跑的前测、后测均值与标准差，见表5－15。

表 5 - 15 50 m × 8 往返跑描述性统计

年级	性别	班级	人数	前测（s）		后测（s）	
				M	SD	M	SD
五年级	男	实验班	18	118.44	14.79	113.83	15.34
		对照班	17	140.29	31.28	139.12	31.35
	女	实验班	18	125.94	14.91	121.22	14.96
		对照班	18	123.56	18.66	122.06	19.47
	男 + 女	实验班	36	122.19	15.13	117.53	15.40
		对照班	35	131.69	26.58	130.34	26.96

前测结果显示，五年级实验班与对照班男生 50 m × 8 往返跑均值分别是
118.44 s 和 140.29 s，实验班与对照班女生 50 m × 8 往返跑均值分别是 125.94 s 和
123.56 s。按照国家学生体质健康测试标准，实验班男生耐力水平与实验班女生、
对照班女生耐力水平相似，得分都在 72 分左右；但对照班男生的耐力水平较差，
得分在 60 分左右。

通过"后测 - 前测"得出实验班与对照班男生、女生和全班 50 m × 8 往返跑
的进步幅度。结果显示，五年级实验班与对照班男生、女生和全班 50 m × 8 往返跑
成绩都有所提高，且进步幅度有一定的差异。采用协方差分析，以 50 m × 8 往返跑
前测为协变量，组别（实验班与对照班）为自变量，50 m × 8 往返跑后测为因变
量，分析实验班与对照班 50 m × 8 往返跑成绩的变化是否存在显著性差异。

协方差分析结果显示（表 5 - 16），五年级实验班男生 50 m × 8 往返跑后测显
著低于对照班男生，实验班女生 50 m × 8 往返跑后测也显著低于对照班女生，整体
上，实验班 50 m × 8 往返跑后测同样显著低于对照班。研究表明，与一般体育教学
相比，新课程教学法指导的 20 min 中等强度运动技能和 10 min 中等强度体能组合
练习能够显著提高五年级学生 50 m × 8 往返跑的成绩。

表 5 – 16　实验班与对照班 50 m × 8 往返跑的协方差分析

年级	性别	班级	N	M	SD	F	P
五年级	男	实验班	18	-4.61	1.65	17.56	0.00
		对照班	17	-1.17	2.48		
	女	实验班	18	-4.72	1.56	20.49	0.00
		对照班	18	-1.50	2.62		
	男 + 女	实验班	36	-4.66	1.59	39.76	0.00
		对照班	35	-1.35	2.52		

5.2.5.3　对青少年 1000 m 跑（男）/ 800 m 跑（女）的影响结果

采用描述性统计，得出高一年级实验班与对照班 1000 m 跑（男）/800 m 跑（女）的前测、后测均值与标准差，见表 5 – 17。

表 5 – 17　1000 m 跑（男）/ 800 m 跑（女）描述性统计

年级	性别	班级	人数	前测（s）		后测（s）	
				M	SD	M	SD
五年级	男	实验班	17	267.76	29.27	263.88	28.46
		对照班	19	246.58	16.47	245.95	18.00
	女	实验班	19	265.68	22.60	262.26	23.02
		对照班	19	251.74	21.84	250.74	22.99

前测结果显示，高一年级实验班与对照班 1000 m 跑（男）的均值分别是 267.76 s 和 246.58 s，800 m 跑（女）的均值分别是 265.68 s 和 251.74 s。按照国家学生体质健康测试的计分标准，实验班男生和女生的得分在 66 分左右，对照班男生得分 76 分，女生得分 70 分。前测时，对照班学生的耐力水平要高于实验班学生。

通过"后测 – 前测"得出实验班与对照班男生 1000 m 跑的进步幅度和女生 800 m 跑的进步幅度。结果显示，高一年级实验班与对照班男生 1000 m 跑的时间都有所下降，实验班的下降幅度明显高于对照班。实验班与对照班女生 800 m 跑的时间也都有所下降，实验班的下降幅度同样明显高于对照班。采用协方差分析，分析实验班与对照班 1000 m 跑（男）/800 m 跑（女）成绩变化是否存在显著性差异。

表 5 - 18 实验班与对照班 1000 m 跑（男）／800 m 跑（女）的协方差分析

性别	班级	N	M	SD	F	P
男	实验班	17	- 3.88	2.69	5.31	0.03
	对照班	19	- 0.63	4.27		
女	实验班	19	- 3.42	2.89	7.22	0.01
	对照班	19	- 1.00	3.21		

将实验班与对照班 1000 m 跑（男）/800 m 跑（女）前测作为协变量，协方差分析结果显示（表 5 - 18），实验班男生 1000 m 跑的后测显著低于对照班男生，实验班女生 800 m 跑的后测也显著低于对照班女生。研究表明，与一般体育教学相比，新课程教学法指导的 20 min 中等强度运动技能和 10 min 中等强度体能组合练习能够显著提高高一年级 1000 m 跑（男）/800 m 跑（女）的成绩，即显著提高青少年的耐力水平。

5.2.6 对儿童青少年柔韧素质的影响结果

选取坐位体前屈作为柔韧素质的测评指标。采用描述性统计，得出 2 个年级实验班与对照班男生、女生和全班（男 + 女）坐位体前屈的前测、后测均值与标准差，见表5 - 19。

表 5 - 19 各班级学生坐位体前屈描述性统计

年级	性别	班级	人数	前测（cm）		后测（cm）	
				M	SD	M	SD
五年级	男	实验班	18	5.18	5.84	7.68	5.53
		对照班	17	2.98	6.69	4.03	6.33
	女	实验班	18	7.67	4.54	9.93	4.59
		对照班	18	9.46	6.42	10.63	5.57
	男 + 女	实验班	36	6.42	5.30	8.80	5.14
		对照班	35	6.31	7.24	7.43	6.75

年级	性别	班级	人数	前测（cm）		后测（cm）	
				M	SD	M	SD
高一年级	男	实验班	17	5.65	6.16	7.24	6.36
		对照班	19	6.26	5.42	6.71	5.55
	女	实验班	19	7.34	9.59	9.18	9.56
		对照班	19	10.97	2.97	11.28	3.17
	男+女	实验班	36	6.54	8.09	8.26	8.15
		对照班	38	8.62	4.93	9.00	5.02

前测结果显示，五年级实验班与对照班男生坐位体前屈均值分别是 5.18 cm 和 2.98 cm，女生坐位体前屈均值分别是 7.67 cm 和 9.46 cm；高一年级实验班与对照班男生坐位体前屈均值分别是 5.65 cm 和 6.26 cm，女生坐位体前屈均值分别是 7.34 cm 和 10.97 cm。女生柔韧素质好于男生柔韧素质。

通过"后测-前测"得出各年级实验班与对照班男生、女生和全班的坐位体前屈进步幅度。结果显示，各年级实验班与对照班男生、女生和全班学生的坐位体前屈成绩都有所提高，且实验班与对照班的进步幅度有一定的差异。采用协方差分析，以坐位体前屈前测为协变量，组别（实验班与对照班）为自变量，坐位体前屈后测为因变量，分析实验班与对照班坐位体前屈的变化是否存在显著性差异。

协方差分析结果显示（表5-20），将五年级实验班与对照班男生、女生和全班坐位体前屈的前测作为协变量，实验班男生、女生坐位体前屈的后测显著高于对照班男生、女生，整体上，实验班坐位体前屈的后测同样显著高于对照班。研究表明，与一般体育教学相比，新课程教学法指导的 20 min 中等强度运动技能和 10 min 中等强度体能组合练习能够显著提高五年级学生的坐位体前屈成绩。

表 5 – 20 实验班与对照班坐位体前屈的协方差分析

年级	性别	班级	N	M	SD	F	P
五年级	男	实验班	18	2.50	1.31	18.19	0.00
		对照班	17	1.05	0.95		
	女	实验班	18	2.26	0.79	7.88	0.01
		对照班	18	1.17	1.33		
	男+女	实验班	36	2.38	1.07	27.06	0.00
		对照班	35	1.12	1.15		
高一年级	男	实验班	17	1.59	1.48	4.37	0.04
		对照班	19	0.45	1.70		
	女	实验班	19	1.84	1.01	4.30	0.04
		对照班	19	0.31	2.64		
	男+女	实验班	36	1.72	1.24	9.29	0.01
		对照班	38	0.38	2.19		

将高一年级实验班与对照班男生、女生和全班坐位体前屈的前测作为协变量，实验班男生坐位体前屈的后测显著高于对照班男生，实验班女生坐位体前屈的后测也显著高于对照班女生，整体上，实验班坐位体前屈的后测同样显著高于对照班。研究表明，与一般体育教学相比，新课程教学法指导的20 min 中等强度运动技能和10 min 中等强度体能组合练习能够显著提高高一年级学生的坐位体前屈成绩。

5.2.7 对儿童青少年速度素质的影响结果

选取50 m 跑作为速度素质的测评指标。采用描述性统计，得出2 个年级实验班与对照班男生、女生和全班（男+女）50 m 跑的前测、后测均值与标准差，见表 5 – 21。

137

表 5-21　各班级学生 50 m 跑描述性统计

年级	性别	班级	人数	前测（s）		后测（s）	
				M	SD	M	SD
五年级	男	实验班	18	9.53	0.68	9.05	0.53
		对照班	17	9.76	2.05	9.52	1.72
	女	实验班	18	10.46	1.07	10.01	0.94
		对照班	18	10.39	1.06	10.14	0.98
	男+女	实验班	36	9.99	1.00	9.53	0.90
		对照班	35	10.08	1.61	9.84	1.38
高一年级	男	实验班	17	7.39	0.35	7.15	0.34
		对照班	19	7.58	0.51	7.70	0.62
	女	实验班	19	9.54	0.95	9.31	0.96
		对照班	19	9.26	0.62	9.34	0.77
	男+女	实验班	36	8.52	1.30	8.29	1.31
		对照班	38	8.42	1.02	8.52	1.08

前测结果显示，五年级实验班与对照班男生 50 m 跑均值分别是 9.53 s 和 9.76 s，女生 50 m 跑均值分别是 10.46 s 和 10.39 s；高一年级实验班与对照班男生 50 m 跑均值分别是 7.39 s 和 7.58 s，女生 50 m 跑均值分别是 9.54 s 和 9.26 s。男生速度高于同龄女生速度。

五年级实验班与对照班 50 m 跑时间都有所下降，高一年级实验班 50 m 跑时间下降，对照班上升。采用协方差分析，以 50 m 跑前测为协变量，组别（实验班与对照班）为自变量，50 m 跑后测为因变量，分析实验班与对照班 50 m 跑的变化是否存在显著性差异。

协方差分析结果显示（表 5-22），将五年级实验班与对照班男生、女生和全班 50 m 跑前测作为协变量，实验班男生、女生 50 m 跑后测显著低于对照班男生、女生，整体上，实验班 50 m 跑后测同样显著低于对照班。研究表明，与一般体育教学相比，新课程教学法指导的 20 min 中等强度运动技能和 10 min 中等强度体能组合练习能够显著提高五年级学生的速度素质。

表 5 –22 实验班与对照班 50 m 跑的协方差分析

年级	性别	班级	N	M	SD	F	P
五年级	男	实验班	18	− 0.48	0.20	54.00	0.00
		对照班	17	− 0.24	0.40		
	女	实验班	18	− 0.45	0.25	11.16	0.00
		对照班	18	− 0.25	0.14		
	男 + 女	实验班	36	− 0.46	0.22	45.17	0.00
		对照班	35	− 0.24	0.29		
高一年级	男	实验班	17	− 0.24	0.16	15.54	0.00
		对照班	19	0.12	0.32		
	女	实验班	19	− 0.23	0.05	17.76	0.00
		对照班	19	0.08	0.32		
	男 + 女	实验班	36	− 0.23	0.12	34.08	0.00
		对照班	38	0.10	0.31		

将高一年级实验班与对照班男生、女生和全班 50 m 跑前测作为协变量，实验班男生 50 m 跑后测显著低于对照班男生，实验班女生 50 m 跑后测也显著低于对照班女生，整体上，实验班 50 m 跑后测同样显著低于对照班。研究表明，与一般体育教学相比，新课程教学法指导的 20 min 中等强度运动技能和 10 min 中等强度体能组合练习能够显著提高高一年级学生的速度素质。

5.2.8 对儿童青少年心理健康的影响结果

采用描述性统计，得出 2 个实验班与对照班男生、女生和全班（男 + 女）心理健康的前测、后测均值与标准差，见表 5 –23。

表 5 - 23　各班级学生心理健康描述性统计

年级	性别	班级	人数	前测（分）		后测（分）	
				M	SD	M	SD
五年级	男	实验班	18	3.60	0.45	3.75	0.38
		对照班	17	3.68	0.30	3.82	0.24
	女	实验班	18	3.58	0.44	3.81	0.36
		对照班	18	3.64	0.43	3.85	0.35
	男 + 女	实验班	36	3.59	0.44	3.78	0.36
		对照班	35	3.66	0.37	3.84	0.29
高一年级	男	实验班	17	3.31	0.37	3.48	0.29
		对照班	19	3.29	0.31	3.43	0.32
	女	实验班	19	3.26	0.34	3.42	0.31
		对照班	19	3.30	0.23	3.44	0.22
	男 + 女	实验班	36	3.28	0.35	3.45	0.30
		对照班	38	3.29	0.27	3.44	0.27

前测结果显示，五年级实验班与对照班男生心理健康得分的均值分别是 3.60 分和 3.68 分，女生心理健康得分的均值分别是 3.58 分和 3.64 分；高一年级实验班与对照班男生心理健康得分的均值分别是 3.31 分和 3.29 分，女生心理健康得分的均值分别是 3.26 分和 3.30 分。总体上，各年级男生、女生的心理健康水平良好，五年级学生的心理健康水平略高于高一年级学生。

各年级实验班与对照班男生、女生和全班的心理健康水平都有一定的提高，但进步幅度普遍较小。采用协方差分析，分析实验班与对照班心理健康水平的变化是否存在显著性差异。

协方差分析结果显示（表 5 - 24），将五年级实验班与对照班男生、女生和全班心理健康的前测作为协变量，实验班男生、女生心理健康的后测与对照班男生、女生的后测没有显著性差异，整体上，实验班心理健康的后测与对照班的后测同样没有显著性差异。与自身前测相比，五年级实验班男生、女生和全班的心理健康后测没有显著性变化，五年级对照班男生、女生和全班的心理健康后测也没有显著性变化。研究表明，一般体育教学和新课程教学法指导的 20 min 中等强度运动技能和10 min 中等强度体能组合练习促进五年级学生心理健康的效果不明显。

表5 - 24　实验班与对照班心理健康的协方差分析

年级	性别	班级	N	M	SD	F	P
五年级	男	实验班	18	0.15	0.12	0.01	0.96
		对照班	17	0.14	0.11		
	女	实验班	18	0.23	0.11	0.11	0.74
		对照班	18	0.21	0.14		
	男 + 女	实验班	36	0.19	0.12	0.02	0.91
		对照班	35	0.18	0.13		
高一年级	男	实验班	17	0.17	0.12	0.99	0.33
		对照班	19	0.14	0.07		
	女	实验班	19	0.16	0.08	0.98	0.33
		对照班	19	0.14	0.06		
	男 + 女	实验班	36	0.17	0.10	1.90	0.17
		对照班	38	0.15	0.06		

　　将高一年级实验班与对照班男生、女生和全班心理健康的前测作为协变量，实验班男生心理健康的后测与对照班男生的后测没有显著性差异，实验班女生心理健康的后测与对照班女生的后测也没有显著性差异，整体上，实验班心理健康的后测与对照班的后测同样没有显著性差异。与自身前测相比，高一实验班男生、女生和全班的心理健康后测没有显著性变化，高一对照班男生、女生和全班的心理健康后测同样也没有显著性变化。研究表明，一般体育教学和新课程教学法指导的20 min 中等强度运动技能和10 min 中等强度体能组合练习促进高一年级学生心理健康的效果不明显。

5.3　分析与讨论

5.3.1　对儿童青少年体成分的影响分析

　　选取 PBF 和 WHR 作为体成分的测评指标。在实验3 中，五年级学生经过一学年共 72 次课的实验干预，高一年级学生经过一学年共 48 次课的实验干预。实验干预后，与五年级对照班男生、女生和全班学生相比，五年级实验班男生、女生和全班学生 PBF 均显著下降。高一年级实验班男生与对照班男生的 PBF 均没有出现显著性变化，但与对照班女生相比，实验班女生的 PBF 显著下降。研究表明，与一般体育教学相比，新课程教学法指导的 20 min 中等强度运动技能和 10 min 中等强度体能组合练习能够显著降低儿童体脂含量，能够显著降低女性青少年体脂含量，降低男性青少年体脂含量的效果不明显。

2 个年级的实验班进行的是新课程教学法指导的 20 min 中等强度运动技能和 10 min 中等强度体能组合练习，这种组合练习方式可以保证体育课的运动负荷，教学法也重视从"以教为主"向"以学为主"转变，体育课堂的绝大多数时间是学生运动时间，这对降低体脂含量产生了较好的促进作用。体脂含量降低源于体内脂肪的氧化分解，脂肪氧化分解酶的活性一般会在 20 min 运动后增强，随着运动的持续，脂肪供能的比例也会不断提高[①]。有一定运动负荷与运动密度的体育课或运动干预往往都可以较好地降低体脂，改善体成分。杨剑等研究发现，每周运动 5 天，每天总运动量 65 min，包括 35 min 体育课和 30 min 大课间活动，共持续 16 周的运动干预可以显著降低小学生的 PBF，有效改善体成分[②]。冯连世等研究发现，每周运动 6 天，每天总运动量 5 h，持续 4 周的运动干预可以显著降低超重和肥胖青少年的体重与体脂含量[③]。

就 2 个年级实验班的下降幅度而言，五年级实验班学生 PBF 下降均值是 0.53%，明显高于高一年级实验班学生 PBF 下降均值 0.27%。这可能是五年级每周课时比高一年级每周课时多 1 次课造成的，五年级每周 3 次体育课保证了实验干预的连续性，运动效果的保持也会比较好。

在 WHR 指标上，五年级实验班与对照班学生 WHR 在实验干预前、后没有出现显著的变化。高一年级实验班男生与对照班男生 WHR 都出现小幅度上升，2 个班级的变化幅度没有显著性差异，而实验班女生 WHR 出现小幅度下降，对照班女

① 杨锡让. 实用运动生理学 [M]. 北京：北京体育大学出版社，2007.

② 杨剑，耿兴敏，季浏，等. 运动干预对小学生体形态和体成分影响的实验研究 [J]. 成都体育学院学报，2014，40（9）：77-82.

③ 冯连世，张漓，高炳宏，等. 不同环境下有氧运动对超重和肥胖青少年体重与体脂含量的影响[J]. 体育科学，2013，33（11）：58-65.

生 WHR 出现小幅度上升，2 个班级的变化幅度也没有显著性差异。20 min 中等强度运动技能和 10 min 中等强度体能组合练习降低儿童青少年 WHR 的效果不明显，可能是受两个因素影响：一是儿童青少年的身体发育会引起腰围和臀围的自然变化；二是饮食会影响运动降低 WHR 的效果。有研究发现，采用"运动 + 饮食控制"的综合干预方式可以显著降低 WHR。詹晓梅等对 40 名 13 ~ 18 岁肥胖青少年进行 4 周全封闭式营养干预和运动干预，运动强度控制在靶心率区间范围内，每周运动 6 天，每天上、下午分别进行 2 h 有氧运动，由营养师根据基础代谢率安排饮食[①]。研究结果显示，肥胖青少年的体脂百分比、腰围与臀围均显著下降。韦斯科特（Westcott）等研究发现，与只进行运动干预相比，10 周"运动 + 营养"的综合干预方式可以显著降低体脂百分比和腰围[②]。因此，体育教学要重视健康教育理论课，有必要向学生讲授饮食与能量摄入、体重管理等健康知识。

新课程教学法指导的 20 min 中等强度运动技能和 10 min 中等强度体能组合练习可以通过降低全身 PBF 去改善青少年的体成分。如果教师在尝试新课程教学法指导的 20 min 中等强度运动技能和 10 min 中等强度体能组合练习的同时，利用健康教育课堂时间，向学生讲授饮食与能量摄入、体重管理等健康教育知识，或许能够显著降低儿童青少年的 WHR。

5.3.2 对儿童青少年肌肉力量与耐力的影响分析

选取握力和立定跳远作为肌肉力量的测评指标，选取 1 min 仰卧起坐作为肌肉耐力的测评指标。经过一学年共 72 次课的干预，与五年级对照班男生、女生和全班相比，五年级实验班男生、女生和全班的握力水平显著提高。经过一学年共 48 次课的干预，与高一年级对照班男生、女生和全班相比，高一年级实验班男生、女生和全班的握力水平也得到显著提高。由于课时较多，五年级实验班握力提高均值是 3.18 kg，高于高一年级实验班握力提高均值 2.78 kg。研究表明，与一般体育教学相比，新课程教学法指导的 20 min 中等强度运动技能和 10 min 中等强度体

---

① 詹晓梅，潘珊珊，陈文鹤. 运动干预对肥胖青少年体成分、血脂、胰岛素抵抗及超敏 C 反应蛋白的影响［J］. 上海体育学院学报，2012，36（6）：62 - 66.

② WESTCOTT W L, APOVIAN C M, PUHALA K, et al. Nutrition programs enhance exercise effects on body composition and resting blood pressure［J］. Physician and Sports Medicine, 2013, 41（3）：85 - 91.

能组合练习能够显著提高儿童青少年的上肢肌肉力量。

在立定跳远指标上，经过一学年共 72 次课的干预，与五年级对照班男生、女生和全班相比，五年级实验班男生、女生和全班立定跳远成绩得到了显著提高。经过一学年共 48 次课的干预，与高一年级对照班男生、女生和全班相比，高一年级实验班男生、女生和全班立定跳远成绩也得到了显著提高。五年级实验班立定跳远成绩提高均值是 0.08 m，高于高一年级实验班立定跳远成绩提高均值 0.06 m。研究表明，与一般体育教学相比，新课程教学法指导的 20 min 中等强度运动技能和 10 min 中等强度体能组合练习能够显著提高儿童青少年的下肢肌肉力量。

在 1 min 仰卧起坐指标上，经过一学年共 72 次课的干预，与五年级对照班男生、女生和全班相比，五年级实验班男生、女生和全班的 1 min 仰卧起坐成绩得到了显著提高。经过一学年共 48 次课的干预，与高一年级对照班男生、女生和全班相比，高一年级实验班男生、女生和全班的 1 min 仰卧起坐成绩也得到了显著提高。五年级实验班 1 min 仰卧起坐成绩的提高均值是 4.86 次/min，高于高一年级实验班 1 min 仰卧起坐成绩的提高均值 3.63 次/min。研究表明，与一般体育教学相比，新课程教学法指导的 20 min 中等强度运动技能和 10 min 中等强度体能组合练习能够显著提高儿童青少年的肌肉耐力。

在实验 3 中，实验班学生的肌肉力量与耐力得到显著提高，与进行 10 min 中等强度体能练习有着密切关系。虽然对照班学生进行的运动技能练习也可以发展肌肉力量与耐力，但运动技能练习的主要目的还是培养学生掌握各种运动动作，发展肌肉力量与耐力的效果不及专门性的体能练习。穆阿扎米研究发现，专门性体能练习对儿童青少年肌肉力量与耐力的提高幅度可达 25% ~ 50%[①]。发展肌肉力量与耐力的练习活动通常比较容易组织，练习的方法多种多样，效果也比较明显。沃斯（Wirth）等研究发现，8 周抗阻练习可以显著提高上、下肢的肌肉力量[②]。此外，实验班还采用新课程教学法，发展肌肉力量与耐力的体能练习内容更加丰富，方式更加多样而有趣，所以产生的效果也会比较突出。其他学者也发现，采用文

---

① MOAZZAMI M. The effect of a short time training on program on physical fitness in female students [J]. Procedia Social and Behavioral Sciences, 2011, 15 (1): 2627 - 2630.

② WIRTH K, KEINER M, HARTMANN H, et al. Effect of 8 weeks of free - weight and machine - based strength training on strength and power performance [J]. Journal of Human Kinetics, 2016, 53 (1): 201 - 210.

字形式或教学视频来呈现案例，教师将学生引入真实、完整运动情境中的教学法，可以显著提高学生立定跳远、1 min 仰卧起坐和 50 m 跑成绩[1]。采用游戏或比赛的方式去组织形式多样的体能练习，可以显著提高 7~9 岁儿童的肌肉力量[2]。因此，10 min 中等强度体能练习对发展儿童青少年肌肉力量与耐力的作用不可忽视。

5.3.3 对儿童青少年心肺功能的影响分析

选取肺活量、50 m×8 往返跑作为五年级学生心肺功能的测评指标，选取肺活量、1000 m 跑（男）/800 m 跑（女）作为高一年级学生心肺功能的测评指标。经过一学年共 72 次课的干预，与五年级对照班男生、女生和全班相比，五年级实验班男生、女生和全班的肺活量水平显著提高。经过一学年共 48 次课的干预，与高一年级对照班男生、女生和全班相比，高一年级实验班男生、女生和全班肺活量水平也得到显著提高。五年级实验班肺活量的提高均值是 169.47 mL，高于高一年级实验班肺活量的提高均值 93.98 mL。研究表明，与一般体育教学相比，新课程教学法指导的 20 min 中等强度运动技能和 10 min 中等强度体能组合练习能够显著提高儿童青少年的肺活量。

在 50 m×8 往返跑指标上，经过一学年共 72 次课的干预，与五年级对照班男生、女生和全班相比，五年级实验班男生、女生和全班 50 m×8 往返跑的成绩显著提高。在 1000 m 跑（男）/800 m 跑（女）指标上，经过一学年共 48 次课的干预，与高一年级对照班男生相比，实验班男生 1000 m 跑成绩显著提高；与高一年级对照班女生相比，实验班女生 800 m 跑成绩也显著提高。研究表明，与一般体育教学相比，新课程教学法指导的 20 min 中等强度运动技能和 10 min 中等强度体能组合练习能够显著提高儿童青少年的心肺功能。

有一定运动负荷的体育课才可以实现提高心肺功能的教学目标。新课程教学法指导的 20 min 中等强度运动技能和 10 min 中等强度体能组合练习不仅使体育课的运动负荷维持在适宜的水平，而且多样化的心肺功能练习内容，有趣的教学组

---

① 纪新涛. 案例教学法对大学生体育锻炼态度和体质健康水平的影响 [J]. 中国成人教育，2015，17（2）：169－172.

② LOFGREN B，DALY R M，NILSSON J A. An increase in school－based physical education increase muscle strength in children [J]. Medicine and Science in Sports and Exercise，2013，45（5）：997－1003.

织方法，对实验班学生心肺功能的提高产生了较好的促进作用。张敏等研究也发现，每周 5 次、每次 50 min 中等强度的耐力和力量练习可以显著提高青少年的心肺功能和肌肉耐力[①]。与低强度练习相比，每次 40 min、每周 2 次、共 12 周中等强度跑跳健美操或踏板操练习可以显著提高女性青少年的心肺功能[②]。米哈埃拉（Mihaela）通过实验探究了不同教学法对 8 ~ 9 岁儿童有氧耐力、与运动技能有关的体能素质的影响。结果表明，采用问题导入、师生交流、练习与展示、分组比赛流程的体育课能显著提高儿童 50 m × 5 往返跑、有氧耐力跑的成绩[③]。

提高心肺功能的练习活动往往是儿童青少年最不喜欢的练习内容，这既与心肺功能的提高需要一定的运动负荷去刺激机体，造成生理和心理的不舒适感有关，另外，也与传统体育教学中大多采用 400 m、600 m 或 800 m 跑，以及长距离的变速跑去发展心肺功能有关。这些练习内容枯燥而单调，且运动负荷普遍较大，给学生造成沉重的心理负担。实验 1 的研究表明，并非运动负荷越大，越有助于心肺功能的提高。通过体育课堂教学提高学生的心肺功能，应当注重情境创设，如创设定向越野的教学情境，采用游戏或者比赛等多种有趣的方式去组织练习活动，关注耐力练习中学生情感、态度与价值观的发展。

5.3.4 对儿童青少年柔韧素质的影响分析

采用坐位体前屈测评儿童青少年的柔韧素质。经过一学年共 72 次课的干预，与五年级对照班男生、女生和全班相比，五年级实验班男生、女生和全班的柔韧素质显著提高。经过一学年共 48 次课的干预，与高一年级对照班男生、女生和全班相比，高一年级实验班男生、女生和全班的柔韧素质也得到了显著提高。五年级实验班柔韧素质的提高均值是 2.38 cm，高于高一年级实验班柔韧素质的提高均值 1.72 cm。研究表明，与一般体育教学相比，新课程教学法指导的 20 min 中等强度运动技能和 10 min 中等强度体能组合练习能够显著提高儿童青少年的柔韧素质。

① 张敏，秦永生，高文静，等. 不同训练方案对发展入伍新兵心肺功能、肌耐力的实验对比研究[J]. 中国体育科技，2005，41（2）：120 - 122.

② 殷超，林岚，陈玉玲. 不同强度健美操练习对女生体形及心肺功能的影响［J］. 广州体育学院学报，2003，23（6）：51 - 52.

③ MIHAELA I T. Teaching approach to enhance motor skills for students in primary school ［J］. Procedia – Social and Behavioral Science，2014，152（7）：746 - 751.

实验班的体能练习内容经过系统的设计，发展肌肉力量与耐力、心肺功能、柔韧素质的练习循环进行，每隔 1 个或 2 个课时，实验班学生就会进行柔韧素质练习，这种规律性的拉伸练习对学生柔韧素质的提高产生了较好的促进作用。拉伸练习有短时效果和长时效果，如果想获得长时效果，就应当保持长期的规律性练习[①]。张葆欣等研究发现，每周 3 次、每次 60 min 的健身关节操可以显著提高青少年腰部、髋关节以及肩部的柔韧性[②]。王慧丽的研究结果也表明，规律性的静力拉伸练习可以显著提高青少年的柔韧素质[③]。

此外，各种拉伸练习，如静力、动力、PNF 和振动拉伸练习，都能有效提高柔韧素质。静力、动力和 PNF 拉伸练习皆能立即提升股后肌群的被动柔韧性[④]。通过体育课堂教学提高儿童青少年的柔韧素质，应保持进行规律性的拉伸练习，同时结合拉伸后所进行的具体运动，对不同拉伸练习进行合理搭配，同时思考拉伸练习的应用时机。例如，既可以在准备活动中进行动力性的拉伸练习，也可以在耐力练习后进行静力性的拉伸练习。

5.3.5 对儿童青少年速度素质的影响分析

采用 50 m 跑测评儿童青少年的速度素质。经过一学年共 72 次课的干预，与五年级对照班男生、女生和全班相比，五年级实验班男生、女生和全班的速度素质显著提高。经过一学年共 48 次课的干预，与高一年级对照班男生、女生和全班相比，高一年级实验班男生、女生和全班的速度素质也得到显著提高。五年级实验班速度素质的提高均值是 0.46 s，高于高一年级实验班速度素质的提高均值 0.23 s。研究表明，与一般体育教学相比，新课程教学法指导的 20 min 中等强度运动技能和 10 min 中等强度体能组合练习能够显著提高儿童青少年的速度素质。

实验班与对照班体育课堂教学的主要区别在于体能练习和教学法的应用。实

① 黄彩华，高松龄.PNF 伸展和静态伸展对女大学生身体柔韧性的影响［J］. 福建师范大学学报（自然科学版），2004，20（3）：94 - 97.

② 张葆欣，周里，黄海，等.10 周"健身关节操"运动方案对初中学生柔韧素质、平衡能力影响的研究［J］. 西安体育学院学报，2012，29（6）：721 - 724.

③ 王慧丽. 采用静力拉伸法提高学生柔韧素质的实验研究［J］. 武汉体育学院学报，2003，37（4）：63 - 65.

④ 张帆，王长生，叶志强. 不同拉伸方式对股后肌群柔韧素质影响的对比试验研究［J］. 天津体育学院学报，2014，29（1）：61 - 65.

验班每节课在进行 20 min 中等强度运动技能练习的同时，还要进行 10 min 中等强度体能练习。体能练习由各种发展学生心肺功能、肌肉力量与耐力、柔韧与速度素质的身体练习活动组成，并且采用国家课程标准倡导的最新教学法指导体育教学。对照班按照一般教学方法只进行运动技能练习。尽管运动技能练习在一定程度上也可以提高速度素质，但是速度素质的显著提高通常需要进行专门的速度练习去实现。实验班每周至少进行 1 次专门的发展速度素质的体能练习，且遵循新课程教学法，采用形式多样的方式去组织练习活动，较好地促进了实验班学生速度素质的提高。

其他学者在采用"运动技能 + 体能"组合练习时，也发现了相似的研究结果：每周 2 次、共 12 周的"运动技能 + 身体素质课课练"显著提高了实验班学生的 50 m 跑和实心球成绩[①]；每周 3 次、共 12 周的"舞蹈 + 体能"组合练习可以显著提高儿童青少年的速度素质[②]；每周 3 次、每次 30 min，共持续 10 周的"小手球 + 素质练习"体育课可以显著提高小学生 50 m × 8 往返跑的成绩[③]；每周 3 次、每次 20 min、共持续 8 周的高强度间歇性体能练习可以显著提高 10 岁儿童 20 m 跑的速度[④]。专门性的速度练习对儿童青少年速度素质的提高有着明显的促进作用。

组织速度练习时的教学法应用也会影响练习的效果。诸多研究发现，采用形式多样、练习内容丰富、设置目标等教学法时，练习的效果会比较好。米哈埃拉研究发现，与采用一般教学法指导练习活动相比，采用问题导入、师生交流、练习与展示、分组比赛流程等指导的练习能更明显地提高 8 ~ 9 岁儿童的速度素质[⑤]。采用关注学生运动能力发展、逐步让其达到预定目标、形成成就感的教学法，可

---

① 蔡利众，黄鹤飞，谢俊. 小学四年级 50 米跑，实心球前抛引进"分层递进"教学的实验报告[J]. 体育科研, 1996, 17 (1)：46 - 51.

② ALRICSSON M. The effect of dance training on joint mobility, muscle flexibility, speed and agility in young cross - country skiers - a prospective controlled intervention study [J]. Scandinvian Journal of Medicine MYM Science in Sports, 2003, 13 (4)：237 - 243.

③ 殷恒婵，陈雁飞，张磊. 运动干预对小学生身心健康影响的实验研究 [J]. 体育科学, 2012, 32 (2)：14 - 27.

④ MATHISEN G, PETTERSEN S A. Effect of high - intensity training on speed and agility performance in 10 - year - old soccer players [J]. Journal of Sports Medicine and Physical Fitness, 2015, 55 (1)：25 - 29.

⑤ MIHAELA I T. Teaching approach to enhance motor skills for students in primary school [J]. Procedia - Social and Behavioral Science, 2014, 152：746 - 751.

以显著提高实验班儿童的速度素质[①]。因此，通过体育课堂教学发展学生的速度素质，既要重视专门性的速度练习活动，也要注重教学法的应用。教师可在体育教学中积极尝试 20 min 中等强度运动技能和 10 min 中等强度体能组合练习。

5.3.6 对儿童青少年心理健康的影响分析

采用《小学生心理健康量表》测评五年级学生的心理健康水平，采用《中学生心理健康量表》测评高一年级学生的心理健康水平。经过一学年共 72 次课的干预，五年级实验班男生、女生与对照班男生、女生的心理健康都没有发生显著的变化。经过一学年共 48 次课的干预，高一年级实验班男生、女生与对照班男生、女生的心理健康也都没有发生显著的变化。从"后测－前测"的进步幅度值上看，五年级实验班与对照班全班心理健康的进步幅度均值分别是 0.19 和 0.18，高一年级实验班与对照班全班心理健康的进步幅度均值分别是 0.17 和 0.15，量表采用的是李克特 5 级评分法，所以各班级心理健康的进步幅度普遍较小。研究表明，一般体育教学和新课程教学法指导的 20 min 中等强度运动技能和 10 min 中等强度体能组合练习促进儿童青少年心理健康的效果不明显。

尽管实验 3 将实验干预时间延长到一学年，但依然没有能够显著地促进儿童青少年的心理健康。当前，运动促进心理健康的诸多研究出现了不相一致的结果。例如，殷恒婵等研究发现，持续 10 周、每周 3 次、每次 30 min "小手球＋素质练习"的体育课无法显著提高小学生的心理健康水平[②]。武海潭研究也发现，持续 8 周、每周 3 次、每次 40 min 的体育课改善中学生情绪的效果不明显[③]。但是，耶贝尔（Gerber）等研究发现，16 周中高强度运动可以显著促进大学生的心理健康[④]。每周 3 次、每次 60 min、持续 8 周的有氧和力量组合练习可以显著提高青少年的身

---

① MUJEA A. The improvement of speed in mentally deficient pupils through the use of differentiated instruction in the physical education lesson [J]. Procedia – Social and Behavioral Science, 2014, 117: 534–538.

② 殷恒婵，陈雁飞，张磊. 运动干预对小学生身心健康影响的实验研究 [J]. 体育科学, 2012, 32 (2): 14–27.

③ 武海潭. 体育课不同运动负荷组合方式对少年儿童健康体适能及情绪状态影响的实验研究 [D]. 上海: 华东师范大学, 2014.

④ GERBER M, BRAND S, HERRMANN C, et al. Increased objectively assessed vigorous – intensity exercise is associated with reduced stress, increased mental health and good objective and subjective sleep in young adults [J]. Physiology and Behavior, 2014, 135 (1): 17–24.

体自尊水平①。

出现诸多研究结果不相一致的现象，很可能是心理健康受多种因素的影响，运动促进心理健康的效果会遭受其他因素的干扰。例如，在实验3与国内学者殷恒婵等和武海潭的研究中，学生的心理健康既会受到运动干预的影响，也会受到学业压力、师生关系、同伴关系、学校竞争氛围等因素的影响；当这些因素不干扰运动效益时，研究结果就会出现运动干预能够促进心理健康；而当这些因素发挥消极影响时，研究结果就可能会出现运动干预促进心理健康的效果不明显。因此，促进儿童青少年心理健康，除了保证高质量的体育课堂教学之外，还需要采用综合的干预方案。

5.3.7 对儿童青少年身心健康影响的总分析

实验3选取PBF、WHR、握力、立定跳远、1 min仰卧起坐、肺活量、50 m×8往返跑、坐位体前屈、50 m跑和心理健康共10个指标作为五年级学生身心健康测评指标。研究表明，经过一学年共72次课（每周3次，每学期12周）的实验干预，除WHR和心理健康指标外，与对照班男生、女生和全班相比，实验班男生、女生和全班在其他8个指标上的成绩得到了显著提高。

实验3选取PBF、WHR、握力、立定跳远、1 min仰卧起坐、肺活量、1000 m跑（男）/800 m跑（女）、坐位体前屈、50 m跑和心理健康共10个指标作为高一学生身心健康测评指标。研究表明，经过一学年共48次课（每周2次，每学期12周）实验干预，除WHR、心理健康、男生PBF指标外，与对照班男生、女生和全班相比，实验班男生、女生和全班在其他指标上的成绩得到了显著提高。

除50 m×8往返跑、1000 m跑（男）/800 m跑（女）外，五年级和高一年级学生都进行了其他指标的测量，五年级实验班在这些指标上的进步幅度均值都高于高一年级实验班的进步幅度均值。整体而言，研究结果支持了部分实验假设，五年级实验班各个身心健康指标得到显著提高的实验假设不成立。

---

① FOX K R. Self-esteem, self-perceptions and exercise [J]. International Journal of Sport Psychology, 2000, 31 (2): 228-240.

5.4 结论与建议

5.4.1 结论

（1）新课程教学法指导的 20 min 中等强度运动技能和 10 min 中等强度体能组合练习同样适用于小学和高中体育课堂，能够显著提高儿童青少年的体质健康水平。

（2）与一般体育课堂教学相比，采用新课程教学法指导的 20 min 中等强度运动技能和 10 min 中等强度体能组合练习的体育课堂教学（每周 3 次，共 24 周）可以显著降低儿童体脂含量，提高肌肉力量与耐力、心肺功能、柔韧与速度素质。

（3）与一般体育课堂教学相比，采用新课程教学法指导的 20 min 中等强度运动技能和 10 min 中等强度体能组合练习的体育课堂教学（每周 2 次，共 24 周）可以显著降低女性青少年的体脂含量，提高肌肉力量与耐力、心肺功能、柔韧与速度素质。

（4）在一学年时间内，一般体育课堂教学和采用新课程教学法指导的 20 min 中等强度运动技能和 10 min 中等强度体能组合练习的体育课堂教学促进儿童青少年心理健康的效果不明显。

5.4.2 建议

（1）基础教育阶段中小学体育课可积极尝试新课程教学法指导的 20 min 中等强度运动技能和 10 min 中等强度体能组合练习。

（2）新课程教学法指导的 20 min 中等强度运动技能和 10 min 中等强度体能组合练习可以显著提高儿童青少年的体质健康，但降低腰部体脂含量的效果不明显。教师在运用组合练习方法时，还要利用好理论课时，向学生讲授饮食与能量摄入、体重管理等健康教育知识，从而更加全面地提高儿童青少年的体质健康。

（3）新课程教学法指导的 20 min 中等强度运动技能和 10 min 中等强度体能组合练习促进儿童青少年身心健康的效果不明显，有可能是运动产生的积极心理效应受到了学业压力、师生关系、学校竞争氛围等因素的干扰，教师在应用组合练习方法的同时，学校层面还需采用综合的心理干预方案。

6 研究总结

6.1 本研究所做的主要工作

面对我国儿童青少年体质健康水平持续多年下滑的趋势没有得到根本性扭转，以及儿童青少年焦虑、抑郁普遍等问题，本研究试图通过构建一种新颖的体育教学模式，提高体育课堂教学质量，更好地促进儿童青少年的身心健康。在查阅体育运动与身心健康研究文献的基础上，发现运动技能练习有助于促进儿童青少年的身心健康，体能练习也可以促进儿童青少年的身心健康，还能够提高体育课运动负荷。因此，在体育教学中尝试进行运动技能和体能组合练习，探究教师采用哪些教学法，儿童青少年进行多长时间、何种强度的运动技能和体能组合练习，最有助于促进儿童青少年的身心健康。本研究主要通过3个实验探究上述问题，研究工作如下。

实验1的主要研究目的是通过探讨不同时间与强度的运动技能和体能组合练习对儿童青少年身心健康的影响，遴选出运动技能和体能组合练习的适宜时间与强度。我国中小学体育课时长主要有40 min 和45 min 两种，除去准备和结束部分，体育课基本部分一般都可以达到30 min。综合前人研究的观点，每节课体能练习时间主要有3种，即5 min、10 min 和15 min，相对应的运动技能练习时间也有3种，即25 min、20 min 和15 min。本研究将运动技能练习强度设置在中等强度，是因为运动技能练习主要是为了培养学生掌握各种运动动作，高强度运动技能练习不仅难以组织，而且会影响运动技能的学习效果，大量研究也发现进行中等强度运动技能练习在体育教学中更可行。体能练习效果与运动强度的相关性较高，中等和高强度体能练习可能会产生明显不同的效果。实验1中的体能练习强度有中等强度和高强度两种。将运动技能和体能练习的时间与强度进行组合，形成6种不同时间与强度的组合练习方式，同时设置 1 个对照班，每节课的基本部分只进行 30 min 运动技能练习，最终形成 7 种练习方案。

以初一年级学生为实验对象，随机选取 6 个班作为实验班，进行 6 种不同时间与强度的运动技能和体能组合练习，随机选取 1 个班作为对照班，每次课基本部分只进行 30 min 运动技能练习。实验班与对照班的学生都在 40 人左右。在实验干预前后，对学生 PBF、WHR、握力、立定跳远、1 min 仰卧起坐、肺活量、1000 m 跑（男）／800 m 跑（女）、坐位体前屈、50 m 跑和心理健康共 10 个身心健康指标进行测量。运用单因素方差分析、双因素方差分析等统计方法，分析不同组合练习对各个身心健康指标的影响，判断出哪个班级学生的身心健康进步幅度最明显，进而遴选出运动技能和体能组合练习的适宜时间与强度。

实验 2 的主要研究目的是，在实验 1 的基础上，通过探讨不同教学法指导的适宜时间与强度的运动技能和体能组合练习对青少年身心健康的影响，进而提炼出一种旨在促进青少年身心健康的教学模式。体育教学是教师"教"与学生"学"的双边活动，学生的"学"离不开教师的"教"，教师采用的教学法不同，教学效果就有可能完全不同。本研究从《普通高中体育与健康课程标准（修订版）》和课程标准研制组成员的研究成果[①]中遴选出首次提出，以往课程标准或相关研究成果中从未出现过的教学法观点，将其相对地称为"新课程教学法"。通过实验探讨一般教学法和新课程教学法指导的适宜时间与强度的运动技能和体能组合练习，对青少年身心健康的影响。

以初一年级学生为实验对象，随机选取 1 个班作为实验班，进行新课程教学法指导的适宜时间与强度的运动技能和体能组合练习，随机选取 1 个班作为对照班，进行一般教学法指导的适宜时间与强度的运动技能和体能组合练习。在实验干预前、后，对实验班与对照班学生 PBF、WHR、握力、立定跳远、1 min 仰卧起坐、肺活量、1000 m 跑（男）／800 m 跑（女）、坐位体前屈、50 m 跑和心理健康共 10 个身心健康指标进行测量。运用协方差分析、配对样本 T 检验等统计方法，分析实验班与对照班学生在各个身心健康指标上的进步幅度，判断出何种教学法指导的适宜时间与强度的运动技能和体能组合练习可以更好地促进青少年的身心健

---

① 季浏. 中国健康体育课程模式的思考与构建 [J]. 北京体育大学学报, 2015, 38 (9): 72–80.

康，围绕研究结果，提炼出一种旨在促进青少年身心健康的教学模式。

实验 3 的主要研究目的是将实验 2 提炼出的教学模式应用到小学和高中体育课堂，探讨实施一学年教学模式的体育课提高儿童青少年身心健康水平的效果，为提高中小学体育课堂教学质量、促进儿童青少年身心健康提供一种方法。以五年级和高一年级学生为实验对象，从各年级随机选取 1 个班作为实验班，随机选取 1 个班作为对照班，实验班一学年体育课都实施实验 2 提炼出的教学模式，对照班一学年的体育课采用原先上课模式。在实验干预前后，对实验班与对照班学生 PBF、WHR、握力、立定跳远、1 min 仰卧起坐、肺活量、50 m × 8 往返跑（五年级）、1000 m 跑（男）/800 m 跑（女）（高一年级）、坐位体前屈、50 m 跑和心理健康共 11 个身心健康指标进行测量。运用协方差分析、配对样本 T 检验等统计方法，分析实验班与对照班学生在各个身心健康指标上的进步幅度，分析提炼出的教学模式对儿童青少年身心健康的促进效果。

6.2 主要研究结果、结论与建议

6.2.1 主要研究结果

（1）与其他不同时间与强度的运动技能和体能组合练习方式相比，20 min 中等强度运动技能和 10 min 中等强度体能组合练习（每周 3 次，共 36 次课）能够最高效地降低初一学生的体脂百分比，提高握力、立定跳远、仰卧起坐、坐位体前屈和肺活量测试成绩，降低 50 m 跑、1000 m 跑（男）/ 800 m 跑（女）时间。

（2）与一般教学法指导的 20 min 中等强度运动技能和 10 min 中等强度体能组合练习相比，新课程教学法指导的 20 min 中等强度运动技能和 10 min 中等强度体能组合练习（每周 3 次，共 36 次课），可以更高效地降低初一学生的体脂百分比、提高立定跳远（女）和肺活量测试成绩，降低 50 m 跑、1000 m 跑（男）/800 m 跑（女）时间。

（3）新课程教学法指导的 20 min 中等强度运动技能和 10 min 中等强度体能组合练习同时也能够显著降低五年级和高一年级学生的体脂百分比，提高握力、立定跳远、仰卧起坐、坐位体前屈和肺活量测试成绩，降低 50 m 跑、1000 m 跑

（男）/800 m 跑（女）时间。

（4）新课程教学法指导的 20 min 中等强度运动技能和 10 min 中等强度体能组合练习，降低五年级、初一年级和高一年级学生的腰臀比，以及促进 3 个年级学生心理健康的效果都不明显。

6.2.2　主要研究结论

（1）20 min 中等强度运动技能和 10 min 中等强度体能组合练习是最适宜的运动技能和体能组合练习方式，能够显著改善青少年体成分，增强心肺功能，提高肌肉力量与耐力、柔韧和速度素质。

（2）与一般教学法指导的 20 min 中等强度运动技能和 10 min 中等强度体能组合练习相比，新课程教学法指导的 20 min 中等强度运动技能和 10 min 中等强度体能组合练习，可以更高效地改善青少年体成分，增强心肺功能，提高速度素质。

（3）新课程教学法指导的 20 min 中等强度运动技能和 10 min 中等强度体能组合练习同样适用于小学和高中体育课堂，在一学年内能够显著改善儿童青少年体成分，增强心肺功能，提高肌肉力量与耐力、柔韧与速度素质。

（4）新课程教学法指导的 20 min 中等强度运动技能和 10 min 中等强度体能组合练习降低儿童青少年的腰臀比，促进心理健康的效果都不明显。

6.2.3　主要研究建议

（1）体育课堂教学应进一步关注体能练习，注意运动技能练习与体能练习之间的相互补偿作用。体能练习应不断创新练习内容与方法，确保练习的多样性和趣味性。关注青少年在体能练习中的情绪变化。通常枯燥单调的体能练习会抑制青少年练习的积极性，有条件的学校，可以配置轻便柔软、色彩鲜艳的小型器材，激发学生体能练习的兴趣。

（2）体育课堂教学应进一步关注教学法的应用，体育教师不能只扮演教练的角色，要向体育教育者、育人者的角色转变。体育教师在教学实践中可以积极尝试应用新课程教学法指导的 20 min 中等强度运动技能和 10 min 中等强度体能组合练习方式。

（3）新课程教学法指导的 20 min 中等强度运动技能和 10 min 中等强度体能组

合练习降低腰部体脂含量、促进心理健康的效果不明显，教师在运用组合练习方法时，还要利用好理论课时，向学生讲授饮食与能量摄入、体重管理等健康教育知识，学校层面还需采用综合的心理干预方案，从而更加全面地提高儿童青少年的身心健康水平。

6.3 在体育课堂教学中的应用

体育教师在尝试应用新课程教学法指导的 20 min 中等强度运动技能和 10 min 中等强度体能组合练习时，首先要确保能够保质保量地完成 20 min 中等强度运动技能和 10 min 中等强度体能组合练习。运动强度的监测既可以通过测试学生的 10 s 心率，也可以通过观测学生的呼吸、出汗情况、言语回复等进行判断。一般而言，中等强度运动时，呼吸比平时较急促，心率也较快，微出汗，但仍可以轻松说话；而高强度运动时，呼吸比平时明显急促，呼吸深度大幅度增加，心率大幅度增加，出汗，停止运动、调整呼吸后才能说话①。

体能练习内容的安排应注重趣味性和多样性，如果继续仅仅采用俯卧撑练上肢力量，仰卧起坐练肌肉耐力，50 m 跑练速度，就可能重蹈 20 世纪 80 年代"课课练"的覆辙，要防止"穿新鞋，走老路"。有条件的学校，可以配置轻便柔软、色彩鲜艳的小型器材，激发学生体能练习的兴趣。

组织运动技能练习时，建议教师先用较少的时间指导学生进行单个技术练习，再用较多的时间进行多个技术的组合练习。例如，在向学生传授篮球高运球、低运球、胸前传球、击地传球、投篮后，可以组织学生进行 2 人或多人一组的"运球+传球+投篮"组合练习，这种练习方式可以提高学生在真实运动情境中的运动能力。我们从不期望一节体育课教师只教授各种篮球传球技术，一节体育课学生只练习传球技术，课后就能掌握传球技能。

学习目标的设置应以国家课程标准中的课程目标和水平为导向，围绕"课程目标/水平目标—学期目标—单元学习目标—课时学习目标"逻辑链去设置学习目标，从而将体育教学与课程目标紧密地衔接起来，这既有助于提高课程目标的达

---

① 教育部国家学生体质健康标准测试抽查复核工作小组. 儿童青少年体育健身调查问卷（学生问卷）[Z]. 2016.

成度，也使体育教学有的放矢。在教学实践中，不能形式化地随意设置学习目标，任由体育教学"教成什么样，就是什么样"。

每一位教师都有自己的教学风格，所营造的课堂氛围也会有差异，但是师生关系紧张、气氛沉闷乏味的课堂氛围应当是受到摒弃的。建议教师在自己的教学风格上，营造出形态各异而总体上是一种积极向上的课堂氛围。实施学习评价时，体育教师应当承认学生的个体差异，能够认识到体育教学旨在促进全体学生的身心健康。对于部分有运动天赋的学生，可以引入学校体育训练队，进行更专业的培养。体育教师应关注学生在"运动能力、健康行为和体育品德"方面的进步幅度，真正体现评价的激励和发展功能，使受过良好体育熏陶的学生，不论其如何，都喜欢参与体育课堂活动。

我国儿童青少年体质健康水平持续多年下滑，与教师在体育课堂说得多、学生练得少有一定的关系。整体上，体育课堂教学应积极从"以教为主"向"以学为主"转变，除必要的集体示范、讲解与纠错外，学生应处于中等强度的运动状态中，教师可以采用巡回指导的方式，精讲多练，使体育课的运动负荷达到促进儿童青少年身心健康的有效阈值。

6.4 研究创新与不足

6.4.1 研究创新

（1）前人探讨过体育课中的体能练习对儿童青少年体质健康的影响，但未能综合考虑运动技能和体能组合练习对儿童青少年身心健康的影响。本研究首次在体育课中尝试将运动技能练习和体能练习进行组合，探讨其对儿童青少年身心健康的影响。

（2）既从学生"学练"的视角上，探讨不同时间与强度的运动技能和体能组合练习的效果，也从教师"教"的视角上，探讨不同教学法指导的运动技能和体能组合练习的效果，探讨运动技能和体能组合练习的视角比较全面。

（3）在技术上，采用 Polar 遥测心率仪同时监测 28 名学生的运动强度，保证各班级的运动强度能够准确达到实验要求。这种技术在体育课堂教学运动负荷监控中还鲜有应用。

6.4.2 研究不足

（1）由于3个实验研究的工作量较大，研究者的时间与精力有限，未能在实验3进行的一学年追踪研究中进行多次重复测量。如果能在一学年内完成4次身心健康测试（暑假前、后分别再完成1次），就可以反映出儿童青少年身心健康在一学年内的变化轨迹，也可以探究儿童青少年的身心健康经过一学期干预后的提高情况，以及暑期停止2个月运动干预后的变化情况，从而更好地呈现实验干预的效果。

（2）本研究在3个实验的基础上所构建出的旨在促进儿童青少年身心健康的教学模式，还是一个框架，或者说是一种教学方式，许多细节性的教学事项仍需要进一步研究，作者会继续进行相关的研究，逐步完善。

附　录

附录 A　实验班 36 次课运动技能练习内容

课次	练习内容
1	翻腕压手，双手/单手头上抛接球，原地双手交替按拍球，原地单手于身体左、右侧交替按拍球，原地/行进间低、高运球，直线运球，原地单手肩上投篮，运球＋投篮
2	双手交替转腕抄球，原地单手于身体左、右侧交替按拍球，体前换手变向运球，曲线运球，胸前传球＋双手/单手接球，行进间单手高手投篮
3	双手各按拍一只球，单手按拍两只球，前后转身按拍球，原地连续胯下按拍球，胯下变向运球，曲线运球，行进间单手高手投篮
4	复习第 1~3 次课所教授的篮球运、传、接、投运动技能，进行各种运动技能的组合练习
5	原地体侧前后按拍球，前后转身按拍球，胯下抛接球，两脚交替跨步后撤推拉按拍球，行进间单手高手投篮，跳投，原地抛球后接球＋跳投
6	球滚手臂，体前左右抛接球，头上左右抛接球，双手胸前传球，击地反弹传球，双手/单手向上挑球，接同伴传球＋跳投，行进间单手低手跑篮
7	单手拾地上的球，原地对墙直臂连续拍球，单手侧对墙传球，对墙点拨传球，行进间单手低手跑篮，分组比赛
8	复习第 5~7 次课所教授的篮球运、传、接、投运动技能，进行各种运动技能的组合练习
9	手指顶球旋转，体前抛球、体后接球、体后抛球、体前接球，双手头上传球，双手低手传球，行进间单手低手跑篮，接同伴传球＋跳投
10	原地背后按拍球，背后变向运球，单手肩上传球，单手体侧传球，三角传球，运球急停、急起，分组比赛

课次	练习内容
11	单手背后传球，跳起传球，跳起勾回界外球，运球急停、急起，运球急停＋跳投，抛球后跳起单手勾球，抢篮板球
12	复习第9～11次课所教授的篮球运、传、接、投和抢篮板球运动技能，进行各种运动技能的组合练习
13	运球跨步急停，运球跳步急停，长传球，跳起接球，四角传球，分组比赛
14	体前不换手变向运球，运球转身，运球跨步急停＋跳投，运球跳步急停＋跳投，空中接球/传球，四角传球
15	运球转身，原地同侧步突破，运球＋同侧步突破，接同伴胸前双手/单手/击地传球＋同侧步突破，抢篮板球，投篮防守
16	复习第13～15次课所教授的篮球运、传、接、投、突破运动技能，进行各种运动技能的组合练习
17	原地交叉步突破，运球＋交叉步突破，接同伴胸前双手/单手/击地传球＋交叉步突破，运球跨步急停＋跳投，运球跳步急停＋跳投，冲抢篮板球
18	运球＋同侧步突破，运球＋交叉步突破，行进间单手低手/高手跑篮，分组比赛
19	接同伴胸前双手/单手/击地传球＋同侧步突破，接同伴胸前双手/单手/击地传球＋交叉步突破，防守突破，接同伴胸前双手/单手/击地传球＋原地肩上投篮
20	复习第17～19次课所教授的篮球运、传、接、投、突破等运动技能，进行各种运动技能的组合练习
21	行进间单手低手/高手跑篮，接同伴胸前双手/单手/击地传球＋跳投，分组比赛
22	运球＋突破，行进间同伴相互传球＋低手/高手跑篮，接同伴胸前双手/单手/击地传球＋原地肩上投篮/跳投＋抢篮板球
23	无球跑位，无球队员防守，自主构建篮球运、传、接和投篮的组合练习
24	复习第21～23次课所教授的篮球各项组合运动技能、无球跑位和无球队员防守
25	防投篮，防运球，防传球，抢球，打球，断球，分组比赛
26	四角传球，跳投，行进间单手低手/高手跑篮，传切配合
27	不同人数的传切配合强化练习，分组比赛
28	复习第25～27次课所教授的篮球防守和抢、打、断球技能，传切配合战术
29	行进间单手低手/高手跑篮，行进间两人相互传球＋跳投＋抢篮板球，突分配合
30	不同人数的突分配合强化练习，分组比赛

课次	练习内容
31	行进间两人相互传球 + 跳投 + 抢篮板球，策应配合
32	复习第 29~31 次课所教授的篮球突分和策应配合战术
33	不同人数的策应配合强化练习，分组比赛
34	行进间单手低手/高手跑篮，掩护配合，穿过、绕过、抢过的防守配合
35	复习传切、突分、策应和掩护配合
36	分组比赛

附录 B 6 个实验班一般体能练习内容的案例

班级	练习内容	练习时间与强度
实验 1 班	1. 高抬腿 30 s×2 组，组间休息 20 s 2. 立卧撑 30 s×3 组，组间休息 20 s 3. 弓步压腿 20 s×2 组，左、右腿各 1 组，跳起交换腿，组间休息 5 s	5 min 中等强度
实验 2 班	1. 连续深蹲跳 30 s×3 组，组间休息 20 s 2. 平板支撑 20 s×2 组，组间休息 10 s 3. 仰卧起坐 30 s×2 组，组间休息 20 s	5 min 高强度
实验 3 班	1. 双人压肩 20 s×2 组，组间休息 10 s 2. 双脚连续跳上、跳下 30 s×3 组，组间休息 30 s 3. 燕式平衡 20 s×3 组，组间休息 10 s 4. 10 m×4 折返跑×2 组，组间休息 40 s 5. 跪式俯卧撑 30 s×2 组，组间休息 20 s	10 min 中等强度
实验 4 班	1. "8" 字环形跑 3 min×1 组，组间休息 40 s 2. 静力性拉伸 30 s×3 组（肩部、腰部、腿部各 1 组），组间休息 5 s 3. 仰卧起坐 30 s×2 组，组间休息 20 s 4. 连续弓箭步跳 30 s×3 组，组间休息 30 s	10 min 高强度
实验 5 班	1. 10 m×4 折返跑×2 组，组间休息 30 s 2. 静力性拉伸 30 s×3 组（肩部、腰部、腿部各 1 组），组间休息 5 s 3. 金鸡独立展翅 30 s×3 组，组间休息 20 s 4. 脚踩弹力带呈字母 "Y" 交叉上拉练习 30 s×3 组，组间休息 30 s 5. 开合跳练习 30 s×3 组，组间休息 30 s 6. 50 m 跑×1 组，组间休息 30 s	15 min 中等强度

班级	练习内容	练习时间与强度
实验 6 班	1. "8"字环形跑 4 min×1 组，组间休息 40 s 2. 躯干平衡练习 30 s×2 组，组间休息 30 s 3. 敏捷梯练习 30 s×3 组，组间休息 20 s 4. 侧桥支撑 30 s×2 组，组间休息 30 s 5. 原地高抬腿 30 s×2 组，组间休息 30 s 6. 俯撑蛙跳 20 s×2 组，组间休息 30 s	15 min 高强度

附录 C 6个实验班专项体能练习内容的案例

班级	练习内容	练习时间与强度
实验1班	1. 原地纵跳摸高 30 s×2 组，组间休息 20 s 2. 屈蹲转体 30 s×3 组，组间休息 20 s 3. 双腿夹球仰卧举腿 20 s×2 组，组间休息 10 s	5 min 中等强度
实验2班	1. 助跑纵跳摸高 30 s×3 组（双脚跳、跨步跳、垫步跳各 1 组），组间休息 30 s 2. 推球俯卧撑 30 s×2 组，组间休息 20 s 3. 10 m 运球折返跑 20 s×1 组，组间休息 20 s	5 min 高强度
实验3班	1. 跳起接球 20 s×4 组（2 人一组），组间休息 20 s 2. 俯卧，两手持球向前、向上举，做"8"字摆动（各 1 组）20 s×3 组，组间休息 20 s 3. 持球燕式平衡 20 s×3 组（体前、体左侧、体右侧各 1 组），组间休息 10 s 4. 滑步横移抛接球练习 30 s×2 组，组间休息 40 s 5. 抱球左右跨步跳 20 s×2 组，组间休息 20 s	10 min 中等强度
实验4班	1. 运球"8"字环形跑 3 min×1 组，组间休息 40 s 2. 静力性拉伸 30 s×3 组（肩部、腰部、腿部各 1 组），组间休息 5 s 3. 2 人一组，相距 3 m，相互快速传球 30 s×2 组，组间休息 30 s 4. 侧姿夹球举腿 30 s×2 组，组间休息 20 s 5. 跳起传球 20 s×2 组（2 人一组），组间休息 20 s	10 min 高强度

班级	练习内容	练习时间与强度
实验 5 班	1. 2 人一组，从底线出发向另一侧底线快速跑传球投篮 ×3 组，组间休息 40 s 2. 静力性拉伸 30 s×4 组（手腕和肩关节、腰胯、腹背各 1 组），组间休息 5 s 3. 金鸡独立展翅（屈腕夹球）30 s×3 组，组间休息 20 s 4. 屈髋蹲起 20 s×4 组（体前/体后持球各 2 组），组间休息 15 s 5. 抱球左右跨步跳 30 s×2 组，组间休息 20 s	15 min 中等强度
实验 6 班	1. 运球 "8" 字环形跑 4 min×1 组，组间休息 40 s 2. 屈髋蹲起 30 s×2 组，组间休息 30 s 3. 蹲跳传接球（2 人一组，相互传接球）40 s×3 组，组间休息 30 s 4. 坐姿腿下传球 30 s×2 组，组间休息 30 s 5. 侧姿夹球举腿 30 s×2 组，组间休息 30 s 6. 抱球左右跨步跳 20 s×2 组，组间休息 30 s	15 min 高强度

附录 D　小学生心理健康量表

指导语：

同学，你好！该量表是为了了解你生活的状况，以及你对自己和生活的一些想法。答案没有对错或好坏之分，你只需按照自己的真实想法做出选择。

仔细阅读每一个题目，然后根据你的实际情况在题目后面选择相应的选项，请以自己的第一感觉为准，不必过多思考。注意不要漏掉题目。

请你先填写基本信息。

学校：＿＿＿＿＿＿＿＿＿＿＿（请在横线上填写）

性别：□男　□女（请在方框内打"√"）

出生年份：＿＿＿＿年级：＿＿＿＿班级：＿＿＿＿

例题：

我最喜欢福娃晶晶。

1. 完全不符合　2. 多数不符合　3. 一般/不确定　4. 多数符合　5. 完全符合

确信自己读懂了上面的例题，你就可以开始回答下面的问题了。

题号	题目	完全不符合	基本不符合	有些符合	基本符合	完全符合
1	我很满意自己的相貌和外形	1	2	3	4	5
2	在家里，没有大人的督促，我也常常主动去学习	1	2	3	4	5
3	我喜欢交朋友	1	2	3	4	5
4	大多数老师都很喜欢我	1	2	3	4	5
5	我经常做一些力所能及的家务	1	2	3	4	5
6	遇到危险，我通常会及时求助	1	2	3	4	5
7	我很聪明	1	2	3	4	5
8	我常常鼓励自己	1	2	3	4	5

题号	题目	完全 不符合	基本 不符合	有些 符合	基本 符合	完全 符合
9	在班集体里，我有很多朋友	1	2	3	4	5
10	我很愿意亲近老师	1	2	3	4	5
11	我总是很遵守纪律	1	2	3	4	5
12	我总是能够认真按时做值日	1	2	3	4	5
13	我常常制订明确的学习计划表	1	2	3	4	5
14	我很满意自己在学校的表现	1	2	3	4	5
15	遇到困难，我总是会努力去克服	1	2	3	4	5
16	我总是能够按时交作业	1	2	3	4	5
17	我常常能够及时发现并改正作业中的错误	1	2	3	4	5
18	我常常主动帮助别人	1	2	3	4	5
19	我和老师相处得很好	1	2	3	4	5
20	吃东西，我总是很讲究卫生	1	2	3	4	5
21	过马路，我总是走人行横道	1	2	3	4	5
22	我很乐意参加集体活动	1	2	3	4	5
23	我有很多优点	1	2	3	4	5
24	我会为自己的梦想而不断努力	1	2	3	4	5
25	如果需要，我会不断地改变我自己	1	2	3	4	5
26	我总是定期复习	1	2	3	4	5
27	我经常鼓励和关心别人	1	2	3	4	5
28	我常常主动向老师请教问题	1	2	3	4	5
29	我能够合理地安排自己的零花钱	1	2	3	4	5
30	我经常动手自己整理房间	1	2	3	4	5
31	我从不损坏公物	1	2	3	4	5
32	我喜欢我自己	1	2	3	4	5
33	我常常努力使自己变得更好	1	2	3	4	5
34	我总是能够坚持执行自己的学习计划	1	2	3	4	5
35	我常常主动为班集体做一些事情	1	2	3	4	5
36	我常常受到老师的表扬和鼓励	1	2	3	4	5

题号	题目	完全 不符合	基本 不符合	有些 符合	基本 符合	完全 符合
37	我常常积极地回答老师提出的问题	1	2	3	4	5
38	父亲或母亲对我的惩罚通常是合理的、公平的					
38.1	父亲对我的惩罚通常是合理的、公平的	1	2	3	4	5
38.2	母亲对我的惩罚通常是合理的、公平的	1	2	3	4	5
39	父亲或母亲很爱我					
39.1	父亲很爱我	1	2	3	4	5
39.2	母亲很爱我	1	2	3	4	5
40	和父亲或母亲在一起，我很开心					
40.1	和父亲在一起，我很开心	1	2	3	4	5
40.2	和母亲在一起，我很开心	1	2	3	4	5
41	我很爱父亲或母亲					
41.1	我很爱父亲	1	2	3	4	5
41.2	我很爱母亲	1	2	3	4	5
42	父亲或母亲经常鼓励我					
42.1	父亲经常鼓励我	1	2	3	4	5
42.2	母亲经常鼓励我	1	2	3	4	5

测验结束，非常感谢你的参与！

附录 E　中学生心理健康量表

指导语：

同学，你好！这是一项有关中学生身心发展情况的调查。请认真阅读问卷中的每一个题项，然后按照你自己的实际情况来回答。答案无所谓对错之分，也不必有任何顾虑，你完全可以放心作答。

回答时，请根据该题项所表述的内容与你的符合程度，在相应的空格里打"√"就可以了。每个题都要作答，不要有遗漏，也不必费时去想，明白题意后就回答。谢谢合作！

请你先填写基本信息。

学校：_____（请在横线上填写）

性别：□男　□女（请在方框内打"√"）

出生年份：_____年级：_____班级：_____

题号	题目	完全不符合	较不符合	难以确定	比较符合	完全符合
1	我觉得学习是件快乐的事情	1	2	3	4	5
2	我感到自己的长处得到了发挥	1	2	3	4	5
3	我会用开玩笑的方式化解争执	1	2	3	4	5
4	我感到生活枯燥乏味	1	2	3	4	5
5	我讨厌自己	1	2	3	4	5
6	我感到孤独	1	2	3	4	5
7	我觉得学习没意思	1	2	3	4	5
8	我感到大家都愿意接近我	1	2	3	4	5
9	我容易发脾气	1	2	3	4	5
10	课堂上，我常常因为紧张而回答不好提问	1	2	3	4	5

续表

题号	题目	完全 不符合	较不 符合	难以 确定	比较 符合	完全 符合
11	我能大胆地发表自己的看法	1	2	3	4	5
12	一说到考试，我就感到紧张	1	2	3	4	5
13	我经常与人争吵	1	2	3	4	5
14	我能在学习中感到满足	1	2	3	4	5
15	我的生活过得快乐	1	2	3	4	5
16	我对前途感到悲观	1	2	3	4	5
17	我性情多变	1	2	3	4	5
18	我害怕考试	1	2	3	4	5
19	我能从学习中受到激励	1	2	3	4	5
20	我怕见老师	1	2	3	4	5
21	我觉得自己很幸福	1	2	3	4	5
22	我在同学中挺有威信的	1	2	3	4	5
23	我容易激动	1	2	3	4	5
24	考试没考好，我觉得丢人	1	2	3	4	5
25	我对人热情、大方	1	2	3	4	5

测验结束，非常感谢你的参与！

其中，第 4、5、6、7、9、10、12、13、16、17、18、20、23、24 题为逆向题。